한국어 쓰기 교육의 이론과 적용

한국어 쓰기 교육의 이론과 적용

임진숙 지음

쓰기는 필자가 자신의 생각이나 경험을 바탕으로 주어진 사회·문화적 상황 맥락 안에서 의미를 재구성하여 적합한 문자 언어의 형태로 표현하는 일련의 의사소통적 행위라 할 수 있겠습니다. 쓰기는 매우 복잡한 절차로 수행되는데, 특히 쓰기의 주체인 필자에게는 자신의 생각과 느낌을 바탕으로 의미를 생성하고 조직하여 재구성하는 고차원적인 사고 능력과 함께 사회·문화적 맥락을 고려한 언어적 표현 능력이 요구됩니다.

한국어를 목표어로 학습하는 학습자들은 일상생활과 학업, 사회생활을 위해 주어진 주제를 확인하여 자신의 기존 지식과 경험을 바탕으로 의미를 생성하고, 외부로부터의 지식이나 정보를 비판적으로 수용하여 자신이 속한 담화 공동체의 환경과 맥락 안에서 재구성한 내용 정보를 정확한 문자로 표현할 수 있는 능력이 필요합니다. 하지만 한국어 학습자들은 쓰기를 구성하는 객관적인 요소들에 대한 구체적인 지식이나 그것을 수용하여 의미를 구성하는 과정에 충실하지 못할 뿐만 아니라, 한국적 사고방식이나 관습, 문화에 익숙하지 않아서 사회·문화적 상황 맥락을 고려하는 것에 어려움을 느끼게 되고 쓰기에 대한 고민을 호소하게 됩니다.

이러한 고민은 학습자만의 것이 아니라 한국어 교수자들의 고민이기도 합니다.

　이 책은 쓰기 교육에 대해 늘 고민하는 한국어 교수자들이 한국어 학습자들에게 쓰기를 교수할 때 실제적으로 적용할 수 있는 교수 방법들을 제안한 안내서입니다.

　쓰기 교수 방법을 적용하기 전에 1부에서는 쓰기 이론의 흐름을 통해 쓰기 관점을 이해하고 관점에 따른 구성 요소와 쓰기 지식을 파악할 필요가 있습니다. 쓰기는 결과물을 매개로 한 필자와 독자의 적극적인 의사소통으로 주변 세계와 긴밀한 관계를 가지고 있어, 다양한 구성요소들의 적극적인 통합이 요구됩니다. 그런데 지금까지 쓰기 교육은 구성요소 전체의 유기적인 통합이 아닌 한두 가지 요소에만 치우쳐 소개되는 경향이 있었습니다. 이 책에서는 쓰기 이론의 관점을 통합하고 쓰기 핵심 구성요소를 체계화하고, 그 구성요소와 필요한 지식을 연계한 통합적 쓰기 이론을 제시할 것입니다. 2부에서는 다양한 쓰기 이론을 적용한 구체적인 쓰기 교수 방법을 제안할 것입니다. 모델텍스트와 협력 활동을 적용한 한국어 쓰기, 형태 초점 접근법의 문법 교수를 활용한 한국어 통제 작문, 복합형태 '기 위해(서)/위한, 을/를 위해(서)/위한'을 활용한 한국어 쓰기, 문어체 연결어미'(으)나, (으)며'활용을 기반으로 한 한국어 쓰기, 시각적 입력강화 기반의 우연적 표지 학습을 활용한 한국어 쓰기, 플립러닝 기반의 한국어 듣기 학습연계글쓰기(WTL) 등을 다양한 교수 방법을 적용하여 제시하고자 하였습니다. 또한 교수 방법 적용과 함께 '쓰기 전 – 쓰기 – 쓰기 후'의 단계별 과정을 구체적으로 제시하여 적용에 어려움이 없도록 구성하였습니다.

최근 온라인을 통한 소통이 일반화되면서 쓰기는 또 다른 표현의 한 방법으로 중요성이 더해지고 있습니다. 학습자의 쓰기 능력은 단시간에 향상시키기 어려운 영역입니다. 교수자는 한국어 쓰기 교육에 대해 항상 고민하고 학습하여 체계적인 지식을 전달할 필요가 있습니다. 이 책에 제시된 한국어 쓰기 교육을 바탕으로 탄탄하게 지식을 쌓아 교수자로서의 역량을 넓혀갈 수 있기를 바랍니다.

이 책의 이론 부분을 정립하는 데에 저의 지도 교수님이신 우형식 교수님께서 많은 도움을 주셨습니다. 교수님께 진심으로 감사드립니다.

『한국어 쓰기 교육의 이론과 적용』이 출판될 수 있도록 힘써 주신 경진출판과 편집진 여러분께 고개 숙여 감사의 말씀을 전합니다.

2021년 8월
임진숙

차 례

제1부 쓰기 교육의 이론

제2부 쓰기 교육의 적용

제1부
쓰기 교육의 이론

제1장 쓰기 이론의 흐름

1. 개념

쓰기(writing)는 문자를 통하여 의미를 표현하고 전달하는 언어 사용 기능에 해당한다. 이것을 의사소통 능력의 향상을 목표로 하는 언어 교육에서 보면, 쓰기는 필자가 자신의 생각이나 느낌을 문자를 통해 표현하고 전달하는 일련의 의사소통적 행위로 설명된다. 즉, 쓰기는 필자가 자신의 생각이나 경험을 바탕으로 주어진 사회·문화적 상황 맥락 안에서 의미를 재구성하여 적합한 문자 언어의 형태로 표현하는 것이라고 할 수 있다. Bereiter(1980)에서는 쓰기란 글의 주제와 관련되는 아이디어를 풍부하게 생성해 내어 예상되는 독자 및 글을 쓰는 상황과 글의 주제를 적절하게 연결시켜 쓰기에 관한 일반적인 규칙과 관습에 통달해서 문자 언어로 표현하는 데 막힘이 없는 것이라고 하였다.

이러한 쓰기는 매우 복잡한 절차로 수행되는데, 특히 쓰기의 주체인 필자에게는 자신의 생각과 느낌을 바탕으로 의미를 생성하고 조직하여 재구성하는 고차원적인 사고 능력과 함께 사회·문화적 맥락을 고려한 언어적 표현 능력이 요구된다. 그래서 쓰기의 과정과 절차에는 매우 다양한 요소들이 복합적으로 작용하는 것이다.

2. 쓰기 관점의 흐름

쓰기는 기본적으로 언어적 표현 행위이지만, 내용을 구성하는 절차에 대한 해석이 매우 복합적이기 때문에 심리학이나 철학, 수사학 등의 여러 관점에서 조망될 수 있다. 또한 언어 교육에서 쓰기에 대한 관점은 쓰기에 요구되는 다양한 요소들을 어떻게 분류하고 조직하는가 하는 문제를 해석하는 학문적 기반에 따라 달라진다. 쓰기에서 요구되는 다양한 요소들 중에서 어느 부분을 강조하는가에 따라 해석이 달라진다.

　쓰기에 관한 이론적 접근은 쓰기 과정에서의 의미 구성에 대해 어느 측면에 초점을 두느냐에 따라 형식적 관점과 인지적 관점 그리고 사회적 관점으로 분류된다. 일반적으로 의미 구성의 결과물 자체를 중시하는 형식적 관점(formal view)과 의미 구성의 과정을 중시하는 인지적 관점(cognitive view) 그리고 의미 구성 과정에서 사회적 상황 맥락을 중시하는 사회적 관점(social view)으로 나눌 수 있다. 연구의 역사적 흐름에서 보면, 1950년대 이전에는 형식적 관점(formal view)이 주류를 이루다가 1960년대와 1970년대를 거치면서 인지적 관점(cognitive view)이 대두하였고, 1980년대 이후에는 사회적 관점(social view)이 주목을 받았다고 할 수 있다.

2.1. 형식적 관점

형식적 관점에서는 규범 문법과 수사 규칙에 중점을 두고, 쓰기 결과물을 독립된 실체로 규정하여 결과물 자체를 분석의 대상으로 삼았다. 이에 따라 쓰기 교육에서는 결과물의 질을 개선하는 데 목표를 두었으며, 이를 위해 모델 텍스트를 제시하여 정확한 어법과 문단의 구성 원리를 모방하게 함으로써 궁극적으로는 오류가 없는 완벽한 텍스트를 생성하게 하였다. Rohman & Weleck(1964)에서는 '예비 작문하기-작문하기-다시 작문하기'의 순차적 단계로 쓰기의 과정을 제시하였다. 순차적 단계에 따른 선조적 작문 진행은 결과 중심의 교정하기에 중점을 둔 것으로 볼 수 있다(이재승, 2003). 그래서 모범적이고 훌륭한 텍스트를 완성하는 데 초점을 두고 쓰기 결과물의 구조와 문체, 수사, 철자, 어법 등의 형식적인 부분이 중요 요소로 포함된 결과 중심의 쓰기를 강조하였다.

이와 같은 형식적 관점의 쓰기는 좋은 텍스트가 갖추어야 할 기준을 제시함으로써, 텍스트를 생성하고 분석하는 데 도움을 줄 수 있었다. 그러나 이 관점에서는 결과물의 정확성을 지나치게 강조한 나머지 필자의 경험이나 지식을 바탕으로 하는 역동적인 의미 구성 행위로서의 사고 과정을 포함하지 못한다는 문제가 대두되었다. 또한 필자가 생산한 결과물을 온전한 실체로서 고정불변한 것으로 보아 독자를 쓰기 결과물에 내재된 의미를 분석해 내는 수동적 의미의 수신자로서만 존재하게 한다는 한계가 드러났다.

2.2. 인지적 관점

1960년대 중반 이후부터 쓰기를 역동적인 의미 구성의 과정으로 보고 필자의 내적 사고 과정을 중요시하는 인지적 관점의 쓰기 이론이 등장하였다. 이 이론은 인지심리학과 Chomsky의 변형생성 이론, 문학에서의 독자반응 이론, 수사학 이론 등의 제반 학문을 기저로 하여 발전하게 되었다. 인지적 관점에서는 필자의 목적 의식과 사고 능력을 바탕으로 하는 의미 구성의 과정을 중요시하여 필자의 머릿속에서 일어나는 의미 구성 현상에 초점을 두었다. 따라서 이 관점에서는 필자는 아이디어를 생성하고 조직하며 표현하는 절차로 의미를 구성하고, 그것을 언어적 형태로 표현함으로써 쓰기 결과물을 도출하는 것으로 해석하였다. 특히 이러한 일련의 의미 구성 과정에서 여러 가지 전략들을 활용하며, 그 과정 중에 언제라도 앞의 과정으로 되돌아가 수정하거나 보완하는 내적 사고 과정의 회귀를 중요하게 여겼다. 예를 들어, Emig(1971)에서는 쓰기 학습자들을 대상으로 사고 구술 기법(think aloud protocl)을 적용하여 의미 구성 과정을 탐구하였는데, 이를 통해 쓰기 과정이 사고 과정 중에 일어나는 현상들은 일련적 순서에 따르는 것이 아니라 순환적(recursive)으로 실현되는 것임을 확인하였다.

그러나 이 관점은 문법이나 수사학적 규칙에 맞는 정확한 결과물에 관심을 기울이지 않고 지나치게 과정 중심적으로 접근함으로써, 쓰기가 결과물의 생산보다는 쓰는 과정에서 마무리될 위험성이 있다는 점에서 문제가 나타났다. 또한 필자가 쓰기를 개인에 한정된 문제로 인식하여 자신의 주관적인 경험과 판단에 의지한 채 의미를 구성하므로, 쓰기에서 발생되는 사회·문화적 상황 맥락 등을 제대로 고려하지 못하고 쓰기 결과물을 완성한다는 점에서도 한계를 지녔던 것이다. 특히 외국어 학습자로서 목표어로 쓰기를 하는 필자는 자신과 글을 읽을 예상 독자가 속한 담화공동체 안의 사회·문화적인 규범이나 관습에 익숙하지 않아 쓰기의 내용을 구성하기가 힘들고, 그 공동체에 맞는 전형적인 패턴에 대한 지식이 부족할 수 있다는 문제가 대두되었다.

2.3. 사회적 관점

1980년대에 이르러 쓰기에서 중요한 요소로 담화공동체 구성원들 간의 사회·문화적 상황 맥락이 관심을 받으면서 사회적 관점의 쓰기 이론이 등장하게 되었다. 이 이론은 Vygotsky(1978)의 사회적 상호작용[1]과 Bakhtin(1976)의 대화주의[2]를 수용하여, 쓰기를 필자

---

[1] Nystrand(1989)에서는 형식적 관점에서처럼 쓰기에서의 의미 구성이 텍스트 자체에서 독립적으로 구현되는 것도 아니고, 인지적 관점에서처럼 의미 구성의 주체로서의 필자가 의미를 텍스트로 옮겨 놓는 것도 아니라고 하면서, 필자가 독자와의 협상 차원에서 의미를 구성해 가는 측면을 강조하여 이른바 사회적 상호작용 모델을 제시하였다.

[2] Bakhtin, M.(1979, 1986)은 필자와 독자가 의미 구성을 위해 협상과 상호작용을 대화로 은유한다는 대화주의를 주장한 바 있다. 그는 언어는 항상 대화적이고 사회적 맥락 속에서 작동하며 문장은 발화 전체의 맥락과 담화 상황에 따라 의

와 독자가 속한 담화공동체와의 사회적 합의에 의한 상호작용과
필자와 독자 간의 의미 협상 과정으로 보았다. 즉, 쓰기 결과물이
필자 개인의 인지적 작용만이 아니라 사회 공동체 구성원과의 대
화적 의미 협상을 통한 사회적 상황 맥락에서 이루어진다는 점을
강조하였던 것이다. 필자가 생산한 결과물이 문법적으로 정확하
여 오류가 없다고 하더라도, 그 결과물의 장르 특징적인 내용과
형식에 맞지 않다면 그 사회의 담화공동체와 의사소통을 할 수 없
다고 보았다. 여기서 말하는 '문법'은 전통적 의미에서의 문법이
아니라 맥락 속에서 이루어지는 텍스트의 의미를 중시하는 것이
다. 즉, 형식적 관점의 쓰기 이론에서 중시했던 문법은 문장을 정
확하게 수정하는 능력을 향상시키는 활동이라면, 사회적 관점의
쓰기 이론에서는 Halliday(1989)의 기능 문법에 초점을 두어 텍스
트 안의 의미를 분석한다(박태호, 2000). 이 관점에서 장르는 필자와
독자가 속한 담화공동체의 사회적 상황 맥락과 완성된 결과물을
연결하는 것으로, 그 장르를 사용하는 이들 간의 상호작용을 반영
한 것이라고 할 수 있다.

　이러한 사회적 관점의 쓰기는 사회적 상황 맥락에 맞는 대화나
협의를 강조하지만, 사회적 상호작용이 어떻게 형성되고 작용되
는지에 대한 구체적인 설명이 부족하여, 외부에서 오는 사회적 상
호작용이라는 것이 과연 쓰기 행위의 의미 구성에 실제적으로 관
여되는지에 대한 의문을 갖게 한다. 그래서 담화공동체 구성원의
사회·문화적 상황 맥락, 즉 관습이나 규범을 중요시하면서 그들과

　미를 얻는다고 하였다.

의 상호작용을 통해 장르적 쓰기를 구현한다고 하였으나 실질적 쓰기 행위에서는 담화 행위인 상호작용 자체에만 중점을 두어 장르 유형에 따른 쓰기는 하지 못한다는 지적이 가능하다. 특히 이 관점은 개인의 지식을 역동적으로 탐색하고 조정하며 변형하는 인지 과정을 주도하는 주체로서의 필자의 의미 구성 과정이 고려되지 않고 있다는 한계가 드러났다.

2.4. 통합적 관점

쓰기에 관한 세 가지 관점은 쓰기 행위를 구성하는 중요한 요소들 중에서 어떤 부분을 강조하는가에 따라 구별되는 것이다. 즉, 형식적 관점은 쓰기 결과물 자체를 강조하고, 인지적 관점은 필자의 내적 사고 활동 과정인 의미 구성을 강조하며, 사회적 관점은 담화공동체인 독자와 사회·문화적 상황 맥락을 중시하게 되었다.

이를 다시 정리해 보면 형식적 관점에서는 규범 문법의 준수와 어법상의 정확성을 강조하는 형식적 요소를 중시하여 텍스트 자체에 초점을 두고 텍스트의 질을 개선하는 데 목표를 둔다. 인지적 관점에서는 쓰기를 문제 해결 과정인 동시에 역동적인 의미 구성 과정으로 이해하는데, 이것은 내용 정보를 구성하기 위해 필자의 지식을 확장하고 변형하는 의미 구성 과정에 초점을 맞춘 것이다. 그래서 이 관점에서는 텍스트 자체보다는 텍스트 구성에서 요구되는 필자의 인지적 과정에 주목한다. 한편, 사회적 관점에서는 사회적 상황 맥락에 주목하여, 담화공동체의 사회화된 구성원으로서의 필자와 독자 사이의 상호작용을 의미를 구성하는 기반으로 인식한다.

그런데 언어 교육을 위한 실제적인 쓰기 행위에서는 텍스트를 구성하는 형식적 요소와 의미 구성을 위한 인지적 과정, 그리고 사회적 상황 맥락이 모두 고려의 대상이 된다. 즉, 관점에 따라 중요시하는 요소들은 쓰기 행위에 필수적인 기반이 되는 것으로, 이들이 서로 유기적으로 통합됨으로써 완성도 높은 쓰기 결과물이 생산될 수 있는 것이다. 따라서 본질적으로 쓰기 관점의 세 가지 측면 중에 어느 한 측면만을 가지고 쓰기 행위를 설명할 수는 없으므로, 쓰기 현상을 구성하고 있는 과정과 결과, 상황의 요소 중에서 어느 하나를 취사선택할 것이 아니라 통합적인 관점에서 접근할 필요가 있다(Freedman et al, 1987; Kamimura, 2000; 김규선·이재승, 1998). 즉, 통합적 관점은 쓰기의 각각의 관점에서 쓰기의 의미 구성을 위해 요구되는 요소들의 통합을 지향하는 것이다.

제2장 쓰기 관점의 통합

1. 쓰기 관점 통합의 지향

언어 표현 행위로서의 쓰기는 형식적·인지적·사회적 관점에 따라 다른 해석이 가능하다. 이러한 각각의 해석에는 쓰기에서 요구되는 구성요소들이 포함되어 있는데, 각각의 관점에 따라 요구되는 구성요소에만 치중하고 다른 구성요소들을 간과하게 되면 문제가 발생하게 되는 것이다. 따라서 좀 더 완벽한 쓰기 결과물을 생산하기 위해서는 위의 세 관점들이 내포하고 있는 핵심적 구성요소들을 통합적으로 적용하는 방안이 모색될 필요가 있는 것이다. 즉, 쓰기에서 생성된 결과물로서의 텍스트에 초점을 두는 형식적 관점과 생성하는 행위의 과정에 초점을 두는 인지적 관점, 그리고 생성된 텍스트가 수용되고 소통되는 일련의 사회적 과정에 초점을 두는 사회적 관점을 서로 긴밀하게 연결해서 통합하는 접근 방법이 요구되는 것이다.

쓰기는 복잡한 언어 능력을 요구하는 행위로, 본질적으로 형식적·인지적·사회적 관점의 어느 한 측면이나 관점의 한두 가지 구성요소만으로 온전하게 완성된 결과물을 산출하기는 어렵다. 완성도 높은 쓰기 결과물의 생산을 위해서는 세 가지 관점의 쓰기 구성요소들의 유기적이고 조화로운 통합이 이루어짐으로써 가능하게 되는 것이다. 여기서 '통합'은 어느 한 측면으로 기울어지지 않고 각 측면의 균형을 맞추는 것을 의미한다. 즉, 각 측면의 요소들의 자율적인 성격을 인정하면서 서로 유기적으로 조화롭게 섞여 상호적으로 작용을 하는 관계가 되는 것이다(김규선·이재승, 1998; 이재승, 2003; 황재웅, 2009 참조). 이러한 통합적 관점은 다음과 같이 설명될 수 있다.

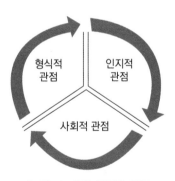

〈그림 1〉 쓰기 관점의 통합

쓰기의 세 가지 관점에 포함되어 있는 각각의 구성요소가 서로 유기적인 관계로 통합되어 쓰기의 행위에 복합적으로 활용되는 양상을 보여 준다. 텍스트의 의미는 형식적 관점은 텍스트 자체에서, 인지적 관점은 필자에게서, 그리고 사회적 관점은 필자와 독자를 둘러싸고 있는 사회적 상황과 이들 간의 상호작용에서 찾을 수 있으며, 이 세 측면 중에서 어느 하나만을 가지고는 온전하게 쓰기 행위를 설명할 수 없다(이재승, 2003: 51). 이는 생성된 결과물과 쓰기의 과정 그리고 사회·문화적 의사소통의 과정 등이 총체적으로 고려되어야 함을 의미한다.

따라서 쓰기 관점의 통합은 형식적·인지적·사회적 관점에서 핵심이 되는 쓰기 구성요소들이 지닌 각각의 자율적인 성격을 인정받으면서 쓰기 안에서는 상호적으로 유기적인 관계를 맺게 되는 것이다. 즉, 쓰기의 주체인 필자, 형식적 관점의 핵심 구성요소인 언어 지식, 인지적 관점의 핵심 구성요소인 의미 구성, 사회적 관점의 핵심 구성요소인 독자와 상황 맥락이 쓰기 연결망 아래에서 요소들 간의 유기적인 상호작용이 이루어지면서 통합되는 것이다.

2. 관점에 따른 구성요소

쓰기의 세 가지 관점을 통합할 때 핵심이 되는 것은 각 관점에 따라 중점을 두는 구성요소이다. 즉, 쓰기 관점의 통합은 관점별로 중점을 두는 구성요소의 통합을 의미하는 것이다. 그것은 필자가 주어진 주제에 맞게 쓰기 결과물을 완성할 때 세 가지 관점의 구성요소들이 통합되지 않고 분산된다면, 질 높은 쓰기 결과물을 생산하기가 어렵기 때문이다. 쓰기에서 구성요소들 각각은 아주 중요한 역할을 담당하므로, 이들이 통합되어 서로 유기적인 고리로 연결되어 적용되어야 하는 것이다.

2.1. 형식적 관점의 구성요소

형식적 관점은 결과물 자체를 중시하여 결과 중심 쓰기 방법을 지향한다. 이 관점의 쓰기 핵심 구성요소에는 형식적 요소인 언어적 지식과 글을 쓰는 필자가 속한다. 그리고 이 관점에서는 정확한 언어 사용을 강조하여 형태와 통사, 의미에 관한 문법적인 능력을 다소 가변적이기는 하나 갖추어야 할 형식적인 객관적 요소들이며 기준점으로 인식한다.

　형식적 관점의 쓰기의 핵심 구성요소를 보면 다음과 같다.

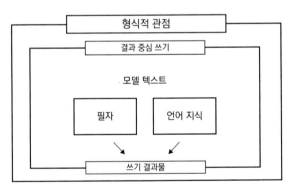

〈그림 2〉 형식적 관점의 쓰기 구성요소

2.2. 인지적 관점의 구성요소

인지적 관점은 필자가 개인의 내적 사고 과정을 통해 의미 구성을 해내는 과정 중심 쓰기를 지향한다. 즉, 계획하기와 내용 생성·조직하기, 표현하기, 검토하기를 거치는 과정으로 역동적인 전략과 체계적이고 단계적인 인지 자용을 거친다는 것이다. 그리고 필자가 사고 내적 활동 과정을 통해 의미를 구성함으로써 쓰기의 주제에 맞는 내용을 통일성 있게 구성하고 내용에 맞는 정보를 풍부하게 구성하게 된다고 본다.

인지적 관점의 쓰기의 핵심 구성요소를 보면 다음과 같다.

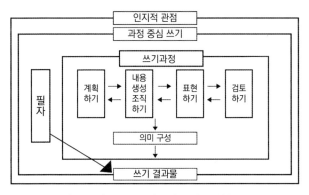

〈그림 3〉 인지적 관점의 쓰기 구성요소

2.3. 사회적 관점의 구성요소

사회적 관점은 독자가 속해 있는 사회적 상황 맥락을 중시하고, 장르 중심 쓰기 방법을 지향한다. 이 관점의 쓰기 구성요소에는 담화공동체 구성원들이 공유하는 사회·문화적 상황 맥락이 포함된다. 쓰기를 담화공동체 구성원의 사회적 상호작용인 담화 행위로 보아 그 담화공동체가 관습적으로 지켜가는 담화의 양식이나 장르적 특성에 초점을 둔다. 그것은 담화공동체 구성원들과 공유하는 사회·문화적 상황 맥락의 담화 양식이 녹아 있는 쓰기를 위해서는 장르 중심의 접근이 필요하기 때문이다. 장르 접근법(genre approach)을 통한 쓰기가 학습자들에게 쓰기에 필요한 텍스트 지식을 제공할 뿐만 아니라 특정 목표를 달성하기 위해 처한 다른 상황에서 그 지식을 활용할 수 있도록 도와준다. 그리고 장르 중심의 쓰기 교수는 학습자들의 언어적 지식과 실제 상황에서의 언어 지식 적용 사이의 거리감을 줄여줄 수 있다(Johns, 1995).

사회적 관점에서 쓰기의 핵심 구성요소는 다음과 같이 제시된다.

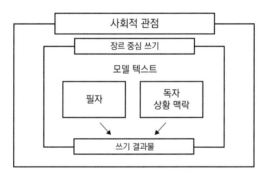

〈그림 4〉 사회적 관점의 쓰기 구성요소

제3장 쓰기 구성요소 통합과 연결망

1. 쓰기 구성요소 통합

쓰기는 관점에 따라 핵심이 되는 구성요소들의 개별적 특성을 수용하면서 조화롭게 통합하는 것을 의미한다. 쓰기 구성요소들은 어느 하나를 배제하거나 그 영향력을 축소하는 것이 아니라, 각 구성요소들을 자율적인 개체로 수용하되 상호 의존적으로 조화로운 전체를 이루어 통합할 필요가 있다. 즉, 이렇게 됨으로써 필자는 자신과 독자가 속한 담화공동체 안에서 합의된 규범과 맥락에 맞추어 의미를 생성하고, 문법적으로 정확하게 문자로 풀어낸 완성도 높은 결과물을 창출해 낼 수 있는 것이다.

쓰기에서 고려되는 구성요소들은 크게 인적 영역과 맥락적 영역, 그리고 내용적 영역으로 구분된다. 이들은 다시 세부적인 하위 구성요소로 제시될 수 있는데, 이를 묶어 정리하면 다음과 같다.

〈표 1〉 요소 통합적 쓰기의 구성요소

영역	구성요소	
인적 영역	필자	
	독자	
맥락적 영역	상황 맥락	
내용적 영역	의미 구성	주제 의미 생성 의미 조직
	언어 지식	

1.1. 인적 영역

인적 영역에서 필자는 쓰기를 주체적으로 이끌어가는 주도적 역할을 하고 독자는 쓰기를 유발하는 촉매제의 역할을 한다. 필자는 쓰기에서 주어진 주제에 맞는 내용을 구성하기 위해 의미 구성 과정에 필요한 상황 맥락과 독자 등을 고려하여 내적 사고 활동을 한 후 형식에 맞는 문어 표현을 사용해서 결과물을 창출해 내는 전반적인 역할을 담당한다. 독자는 필자의 의식 속에 존재하며, 필자와의 끊임없이 의미 협상을 한다. 그리고 독자는 필자를 둘러싼 수사적 상황과 긴밀한 관련을 갖고 있으며 필자의 의미 구성에 영향을 미치는 광범위한 위상을 지닌 유동적 존재로 쓰기 과정에 영향을 준다.

1.2. 맥락적 영역

맥락적 영역의 구성요소인 상황 맥락은 쓰기의 환경적 역할을 한다. 그리하여 이는 필자로 하여금 독자가 속한 사회·문화적 상황과 맥락의 중요성을 인식하고, 그 상황과 맥락의 환경에 맞는 규범과 관습에 어울리는 쓰기를 하도록 돕는다.

1.3. 내용적 영역

내용적 영역은 주제를 인식하고 의미를 생성하여 조직하는 등의 의미를 구성하는 역할을 한다. 여기서 필자는 주제에 대해 어떻게 쓸 것인지에 대해 생각하고 주제를 뒷받침할 수 있는 구체적인 소재를 찾아 선택한다. 그리고 필자는 내적 사고 활동을 통해 글을 쓰는 목적과 맥락이나 독자 등을 고려하여 글의 유형에 맞는 형식을 결정하고 주제에 맞는 의미를 생성하고 조직하는 과정을 거친다. 언어 지식은 모니터링의 역할을 하는데, 문어 표현을 위한 문법을 효과적이고 올바르게 사용할 수 있는 지식을 제공하여 완성도 높은 결과물을 창출해 내도록 하는 것이다.

2. 쓰기 구성요소의 연결망

쓰기는 구성요소들이 하나의 연결망에 연결되어 있는 것으로, 이들이 유기적으로 통합되는 것을 지향한다. 이러한 통합의 과정에서 인적 영역에 해당하는 필자는 쓰기의 주체로서의 역할을 하고, 독자는 쓰기의 촉매제 역할을 한다. 맥락적 영역인 상황 맥락은 쓰기의 환경적 역할을 하고, 내용적 영역인 의미 구성은 내용을 구성하고 언어 지식은 내용을 모니터링 하는 역할을 하게 된다.

쓰기에서 어느 하나의 구성요소라도 고려되지 않거나 배제된다면, 결과물의 완성도가 떨어지게 될 것이다. 그것은 쓰기에서 요구되는 구성요소들이 서로 연결되지 않고 각각 독립적으로 활용된다면, 그들이 지니고 있는 핵심 구성요소로서의 가치가 드러나지 않게 되기 때문이다. 따라서 이들 구성요소들은 상호 의존적인 관계에서 서로 얽혀서 하나의 연결망에 관계되어 결과물에 반영될 때, 비로소 구성요소 간의 유기성을 확보하여 쓰기 능력을 향상시킬 수 있는 것이다.

이러한 양상을 쓰기의 구성요소들의 연결망으로 제시하면 다음과 같다.

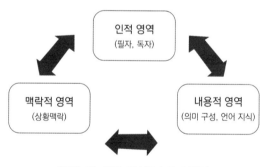

〈그림 5〉 쓰기 구성요소의 연결망

제4장 쓰기 구성요소와 지식의 연계

쓰기는 쓰기에 대한 필자의 지식을 기반으로 한다. 쓰기 지식은 필자의 기억 속에 내재화되어 있는 것으로 쓰기를 수행하는 데 필수적인 것이기 때문이다.

쓰기의 기반이 되는 지식은 형식적 관점과 인지적 관점, 그리고 사회적 관점의 지식이 모두 통합됨을 전제로 하며, 또한 인적 영역과 내용적 영역, 그리고 맥락적 영역의 구성요소와 연계된다. 여기에서 인적 요소인 필자는 쓰기의 주체로 쓰기 지식이 필자의 기억 속에 내재화되어 있는 것이므로 쓰기 지식과의 연계에서 제외될 수 있다. 결국 쓰기의 기반 지식은 쓰기의 관점과 관점별 구성요소 사이의 연계로 도출되는 것이다.

쓰기의 기반이 되는 지식은 의사소통적 지식과 주제·내용적 지식, 구조적 지식, 표현적 지식으로 체계화될 수 있다. 이 기반 지식들 쓰기의 구성요소들과 연계되는데, 이들 간의 관계를 제시하면 다음과 같다.

〈표 2〉 쓰기 구성요소와 기반 지식의 연계

쓰기 관점	요소 통합적 쓰기 구성요소			요소 통합적 쓰기 지식
사회적 관점 ⇨	인적	독자		⇨ 의사소통적 지식
	맥락적	상황 맥락		
인지적 관점 ⇨	내용적	의미 구성	주제	⇨ 주제·내용적 지식
			내용 생성	
			의미 조직	⇨ 구조적 지식
형식적 관점 ⇨	내용적	언어 지식		⇨ 표현적 지식

우선 형식적 관점에서 보면, 내용적 영역의 구성요소로서의 언어 지식은 필자가 쓰기 과정을 통해 주제에 맞는 내용으로 의미를 구성한 정보를 문자 언어로 표출하는 것으로, 쓰기의 기반이 되는 지식으로 보면 표현적 지식이라고 할 수 있다. 따라서 쓰기에서 언어 지식이 풍부하게 갖춘 필자는 자신이 표현하고자 하는 문장을 표출하는 데 능숙하므로 쓰기의 질을 높이는 원동력이 될 수 있다.

다음으로 인지적 관점에서 내용적 영역의 구성요소로서의 의미 구성은 주제와 내용 생성, 의미 조직과 관련된다. 여기서 주제와 내용 생성은 요소 통합적 쓰기에서는 주제·내용적 지식으로 수렴된다. 그리고 내용적 영역의 의미 구성에 해당하는 또 다른 구성요소인 의미 조직은 내용을 구조적으로 적절하게 배열하는 지식으로, 구조적 지식이 된다.

한편, 사회적 관점에서는 인적 영역의 독자와 맥락적 영역의 상황 맥락이 쓰기의 핵심 구성요소가 되는데, 필자는 사회 공동체 구성원인 독자를 고려하여 쓰기를 하는 사회·문화적 환경에서 상호작용을 하게 된다. 요소 통합적 쓰기에서 독자와 상황 맥락은 필자가 이들과 소통할 수 있는 의사소통적 역할을 한다고 볼 수 있으므로, 이와 관련한 것을 의사소통적 지식이라 할 수 있다.

사회적 관점의 쓰기 핵심 구성요소인 독자와 상황 맥락은 의사소통적 지식과 연계되고, 인지적 관점의 구성요소인 의미 구성 중에서 주제와 내용 생성은 주제·내용적 지식으로, 의미 조직은 구조적 지식으로 연계된다. 그리고 형식적 관점의 중점적 구성요소인 언어 지식은 표현적 지식으로 연계된다.

제5장 쓰기 지식 내용

쓰기에서 기반이 되는 의사소통적 지식과 주제·내용적 지식, 구조적 지식, 표현적 지식은 각각 쓰기에서 요구되는 주요한 항목들을 내포하고 있다. 여기에는 필자와 독자, 사회·문화적 상황 맥락, 의미 구성(주제, 내용 생성, 의미 조직)을 위한 쓰기 과정, 문법 및 표현 등의 언어 지식에 대한 항목들이 포함된다.

이것을 쓰기의 기반 지식에 따라 구체적으로 기술하면 다음과 같다.

〈표 3〉 쓰기의 기반 지식

쓰기 지식	주요 내용	세부 내용
의사소통적 지식	목표의 명확성	글의 목표가 명확하게 드러나게 쓴다.
	독자의 고려	독자를 고려하여 글의 목적과 기능에 따라 격식에 맞게 쓴다.
	필자의 아이디어	필자의 독창적인 아이디어가 글에 잘 나타나게 쓴다.
	필자의 지식 전달	필자가 독자에게 새로운 지식을 전달할 수 있게 글을 쓴다.
주제·내용적 지식	내용의 통일성	글의 주제에 맞는 통일성 있는 내용으로 구성되도록 쓴다.
	내용의 논리성	글 구조의 각 부분에 맞는 내용으로 논리성 있게 구성되도록 쓴다.
	정보의 정확성	주제에 대한 정확한 정보를 전달할 수 있게 쓴다.
	정보의 풍부성	주제에 대한 풍부한 정보로 내용을 구성할 수 있도록 쓴다.
구조적 지식	글의 구성	글의 구조가 삼단 구성(처음-중간-끝)으로 구성되고 분량도 적당하게 구성한다.
	글의 유형	글에 사용되는 설명 유형을 적절하게 활용한다.
	글의 도식	글의 유형에 맞는 도식을 잘 활용한다.
표현적 지식	표지어	글의 유형에 따른 표지어를 바르게 사용한다.
	지시어	지시어를 바르게 사용한다.
	문법	정확한 문법을 사용한다.
	문어체	글의 장르에 맞는 문체를 잘 사용한다.

1. 의사소통적 지식

의사소통적 지식은 필자가 그 사회의 공동체 구성원인 독자를 고려하여 쓰기를 하는 환경에서 명확한 목표를 설정하여 사회 구성원들과 상호 작용을 할 수 있는 지식을 의미한다. 이 지식은 필자가 쓰기를 하는 명확한 목표로 주어진 주제의 목적과 기능에 맞는 정확한 정보로 구성된 격식 있는 글을 생산하는 데 도움을 준다. 이는 쓰기의 내용을 구성할 때 상황 맥락과 관련하여 그 사회 담화 공동체가 요구하는 내용이어야 함과 동시에 독자에게 수용 가능한 방식을 택하고 있어야 함을 의미한다. 김정숙(1999)에서는 한국어 쓰기는 한국어 담화공동체가 기대하고 요구하는 새로운 글쓰기 방식에 맞추어 글을 쓸 수 있도록 해야 한다고 하면서, 필자는 고립적인 글쓰기를 하는 것이 아니라 공동체의 한 구성원으로서 그가 속한 집단의 방식을 고려하면서 글을 써야 한다고 하였다. 이처럼 담화공동체 구성원을 고려한 쓰기는 의사소통적 지식 기반을 고려한 것이라 할 수 있다.

다시 말해, 필자가 독자를 고려하여 구성한 독창적이고 참신한 아이디어의 내용 지식을 독자에게 전달하게 된다.

2. 주제·내용적 지식

주제·내용적 지식은 주제와 내용 생성에 모두 포함하는 것으로, 쓰기의 주제와 주제에 맞는 내용을 생성하는 쓰기 과정에 대한 지식을 말한다. 쓰기를 구성하는 요소로서 주제는 아주 중요하며, 주제에 대한 이해가 생산된 글의 완성도를 판단한다. 이 지식은 내용 정보의 통일성과 논리성을 중심으로 구성되며, 따라서 글을 주제에 맞도록 통일성이 있고 논리적으로 구성되게 한다. 또한 정보의 정확성과 풍부성에 초점을 두어 구성되며, 주제에 대한 정확한 정보를 전달하는 글을 쓰고, 주제에 대한 풍부한 정보로 내용을 수성할 수 있도록 한다.

3. 구조적 지식

구조적 지식은 쓰기에서 생산된 내용을 조직에 맞게 배열하는 것으로, 쓰기의 구조나 형식과 관련된 지식을 뜻한다. 쓰기에서 응집성(coherence) 있는 내용 정보는 주제를 강조하는 역할을 하므로, 정보가 의미적으로 긴밀하게 연결되었는지를 판단하는 기준이 된다. 응집성은 의미의 연속성(continuity of meaning)을 의미하는 것으로 정보를 응집성 있게 구성한다는 것은 각각의 정보가 의미적으로 긴밀하게 연결되어야 함을 말한다.

그리고 이 지식은 쓰기의 구성의 범주로 단락의 전개 방식과 쓰기의 논리 구조, 쓰기의 유형 활용의 지식이 포함되는데, 그것은 처음-중간-끝의 글의 구조가 적절한 분량과 비중으로 전개되고 글의 전개는 단락 중심이어야 하기 때문이다. 텍스트 구조는 미시 구조와 거시 구조, 상위 구조로 구분하였는데, 이 중에서 상위구조는 텍스트의 유형을 표시해 주는 구조로 형식과 관련된 것이다 (Van Dijk, 1981; 정시호 역, 1995: 209 참조). 또한 이 지식에서 글의 도식은 내용적 관계의 조직을 정리해서 보다 쉽게 쓰기의 과정을 수행하는 것과 관련된다. 도식은 비교와 대조, 문제 해결, 원인과 결과, 전체의 분류 등의 텍스트 구조 유형을 한 눈에 알아보고 이해할 수 있도록 만들어 놓은 것이다.

4. 표현적 지식

표현적 지식은 언어 지식과 연계되는 쓰기 지식으로, 앞의 세 가지
의 쓰기 지식들을 총체적으로 통합하여 정리하고 배열하여 구성
한 의미를 문자, 즉 언어로 표출하는 지식이라고 할 수 있다. 그런
데 이 지식은 언어의 형태적인 요소만을 인지하고 학습해서 완성
되는 것이 아니라, 사회·문화적 담화공동체 구성원들이 함께 사용
하고 이해할 수 있는, 즉 그 사회의 상황 맥락에 맞는 격식이나
규범, 관습 등의 요소를 포함한다. Larsen-Freeman(1998; 김서형 외
역, 2010: 188~189)에서는 문법은 언어적 구속과는 거리가 멀고, 오
히려 숙달된 화자가 맥락에 맞게 의미를 표현하는 것, 또 그들이
원하는 방식으로 자신을 표현하는 것, 그리고 지지하는 특정 관점
에 맞게 의미를 표현하는 것을 가능하게 하는 유연하고도 매우 풍
부한 체계라고 하면서 정확성이 문법에서 중요하지만, 풍부한 의
미와 적절한 사용도 중요하다고 하였다. 즉, 문법의 형태적 요소뿐
만 아니라 사회·문화적 상황 맥락에 맞는 넓은 의미의 표현에 대
한 이해가 필요하다는 것이다.

표현적 지식은 글을 표현하는 데 필요한 통사적·어휘적 지식을
모두 포함하는 것으로 쓰기에서 문어의 정확한 표현은 오류 없는
결과물의 생산이라고 할 수 있다. 우형식(2009)은 문법은 언어에
내재화된 규칙의 집합으로, 한 언어에 존재하는 수많은 형태들이
어떻게 배열되어 하나의 명제로서의 의미체를 형성하는지에 관한
기본적인 구조와 규칙을 제시해주는 것으로 이러한 기본적인 구
조와 규칙에 대한 지식의 이해 또는 입력이 전제되지 않으면 효율

적인 언어 습득은 거의 불가능하다고 할 수 있다고 하였다. 즉 쓰기에서 표현(문법)이 기본적으로 전제되어 있지 않으면 결과물의 완성도가 낮아진다는 것이다.

제2부
쓰기 교육의 적용

제1장 모델텍스트와 협력활동을 적용한 한국어 쓰기

1. 필요성

쓰기는 다양한 구성 요소들이 유기적으로 관계를 맺고 쓰기 과정과 절차에 영향을 주면서 쓰기 지식을 활용하는 복합적인 행위이다. 쓰기에 능숙한 필자는 글을 쓰기 위해 여러 정보들과 지식을 바탕으로 정보를 구성하는 것에 능숙하다. 이때 자신이 알고 있는 지식을 그대로 글로 옮겨 쓰는 것이 아니라 주어진 정보를 삭제, 수정, 대체, 변형 등의 재구성 단계를 거쳐 쓰기 지식 기반을 마련해 간다.

그러나 한국어 학습자는 쓰기를 구성하는 객관적인 요소들에 대한 구체적인 지식이나 그것을 수용하여 의미를 구성하는 과정에 충실하지 못하다. 또한, 사회·문화적 상황 맥락을 이해하기 위한 한국적 사고방식이나 관습, 문화에 익숙하지 않아서 한국어 쓰기의 지식을 마련하는 과정과 절차에 그리 능숙한 편이 아니다. 특히 학문 목적 학습자나 직업 목적 학습자들은 전문적이며 공식적인 한국어 쓰기를 요구받는데 이들은 성인으로서 모국어를 통한 인지적 사고 능력을 갖추고 있음에도 한국어 쓰기에서는 사회적 문화적 상황 맥락에 적절한 텍스트를 생산하지 못하여 담화공동체의 구성원으로 인정받지 못하는 문제가 발생하는 일이 많다.

이때 학습자들의 쓰기에 대한 심적 부담을 덜고 쓰기 능력을 향상시키기 위해서는 도움 요소가 필요한데 그것이 모델텍스트가 될 수 있다. 모델텍스트는 목표어 사회의 상황 맥락에 대한 이해 부족으로 배경지식이 풍부하지 않은 학습자들이 새로운 글의 재료를 찾아 변형하여 내용을 생성하고 한국어로 표현할 수 있는 참고의 틀로 활용된다. 그리고 그것을 기반으로 적절한 결과물을 도출해 낸다. 그런데 이 모델텍스트를 쓰기에 활용하기 위해서는 모델텍스트를 파악하여 자신이 알고 있는 기존 지식과 접목시키고 재구성하여 내면화하는 능력까지 필요하다. 하지만 이것을 분석해 내는 것조차 한국어 학습자들에게는 쉬운 것이 아니다.

이러한 어려움을 겪는 학습자들을 위해 모델텍스트 파악하기 단계에 협력활동이 필요하다. 협력활동은 학습자들이 동료들과의 대화와 타협을 통하여 상황과 맥락에 따라 지식을 구성하며 과제를 수행해 나가는 것으로 쓰기 수업에서 학습 능력이 다른 학습자 집단이 함께 상호협력활동을 통해 서로의 의미를 협의하면서 공동의 과제를 수행함과 동시에 개인의 능력을 향상시킬 수 있다. 특히 혼자서 쓰기 과제를 수행하는 데 어려움을 겪는 외국인 학습자에게 동료와 함께 과제에 접근하게 하고 서로 다른 시각에서 방법을 나누고 정보를 공유하여 쓰기의 부담감을 줄일 수 있는 방법이다.

2. 모델텍스트의 활용

모델텍스트를 활용한 쓰기는 형식적 관점의 쓰기 이론에서 발전한 것으로 오류가 없는 정확한 결과물에만 초점을 두어 의미를 고정화한다. 이러한 관점은 개인의 경험, 지식의 차이에 따른 역동적인 의미 구성 행위를 배제하여 단순히 텍스트를 구성하는 형식적 요소인 문법이나 수사학적 규칙 같은 객관적인 요소의 모방에 집중한다는 비판을 받으면서 인지적 관점의 쓰기 이론에서 배제되기도 하였다. 학습자들이 글을 쓰는 과정에서 무엇을 생각하고, 어떤 과정을 거쳐 글을 쓰는지, 무엇을 필요로 하는지 등에 대해 구체적인 정보를 제공해 주지 못하고 오직 모방과 연습이라는 수련을 강조하여 학습자들의 학습 흥미를 떨어뜨리는 문제가 있기 때문이다(이재승, 2003)

하지만 많은 한국어 학습자들은 복잡하고 다양한 사고 과정을 연계하여 한국의 사회·문화적 상황 맥락에도 맞게 결과물을 생산해야 하는 쓰기에 부담을 가진다. 특히 대학에서 요구하는 학술적이고 전문적인 쓰기를 수행해야 하는 학문목적 학습자들은 당면한 쓰기 과제에 당황하게 되는데, 이들이 쓰기 학습에서 겪는 어려움은 앞선 연구에서도 꾸준히 보고되고 있다(김정숙, 2000; 전수정,

2004; 윤지원, 2013; 이은희, 2013).

쓰기는 하나의 새로운 글을 위한 의미를 구성해 내는 과정이므로, 의미 구성을 위해서는 정보가 필요하게 된다. 모델텍스트는 학습자들이 자신이 쓸 글에 들어갈 내용 정보를 재조직하거나, 특정 내용을 선택하고 연결시켜 기존의 텍스트를 하나의 새로운 텍스트로 창조하는 과정인 변형을 거쳐 새로운 텍스트를 만들 수 있도록 도움을 주게 된다. 또 학습자들이 모델텍스트를 통해 글의 내용 생성 능력이나 내용 조직 능력을 배우고 글의 구조 분석을 통해 그 글이 갖는 구조와 특징에 대해 깊이 있게 이해하면 필자와 독자가 속한 공동체의 관습과 규범 등을 체계화할 수 있는 계기가 되어 쓰기 행위에 대한 부담을 줄일 수 있다.

그런데 담화공동체와 상호작용을 강조하는 사회적 관점의 이론이 등장하면서 모델텍스트를 단순히 모방하는 수준이 아닌 유목적적 의도를 가지고 글의 논리와 체계를 내면화하여 자신의 의견으로 재구성하도록 유도할 수 있음을 강조하면서 장르를 모델링하고 사회적 상황 맥락을 형성하는 것으로 발전시켰다. 모델텍스트의 활용은 단지 제공하는 것만으로 쓰기에 도움을 주는 것이 아니라 제공된 모델텍스트를 파악하는 단계를 거쳐야 학습자들에게 쓰기의 내용 정보를 제대로 제공할 수 있으며 이러한 단계를 거치지 않는다면 쓸모없는 정보가 될 수밖에 없을 것이다.

3. 협력활동

모델텍스트를 활용한 쓰기에서 필요한 것이 협력활동이다. 협력활동은 Vygotsky(1987)의 근접 발달 영역(ZPD)의 개념과 연결 지어 설명할 수 있는데, 근접 발달 영역 내에서 효과적인 교수·학습 활동을 촉진할 수 있는 방안 중의 하나가 비계(scaffold)이다. 비계는 교수·학습에서 교사나 유능한 동료와 협의하는 학습을 의미하는데 모델텍스트 파악하기 단계의 협력활동은 학습자와 그들과 협력하는 이들을 도와주는 한층 더 강력한 비계 역할을 할 수 있을 것이라고 본다. 근접 발달 영역은 학습자가 스스로의 능력으로는 해결할 수 없는 어려운 과제라고 하더라도 자신보다 뛰어난 타인과의 사회적인 상호작용을 통한 도움(비계, scaffold)을 받으면 성공할 수 있는 영역을 의미한다(한순미, 1999).

Vygotsky의 근접발달영역을 통해서 본다면, 학습이란 학습자의 잠재적 발달 능력을 일깨워 더 높은 정신적 발달 수준의 상태를 지향하게 하는 것이다. 개인이 자신의 힘으로 학습할 수 있는 수준을 의미하는 실제적 발달 수준에서 사회적 상호작용은 필요가 없다. 그러나 근접발달영역 내의 학습은 협력자나 동료가 학습자와 협력하는 수업이다. 학습자들이 혼자 힘으로 할 수 없는 것을 하도록 이끄는 학습이다.

이때 모델텍스트 파악하기를 학습자 개인에게만 맡겨 부담을 가중시키는 일이 없도록 다른 학습자들과 짝이나 그룹을 이루어 학습자들의 협력 활동을 통해 상호작용이나 상호 수정을 능동적으로 추진하여 자신의 정보로 내재화하여 쓰기의 내용 정보로 재구성할 수 있도록 하는 것이 중요하다.

4. 수업에서의 적용

모델텍스트와 협력활동을 적용한 한국어 쓰기는 쓰기 전의 주제 이해하기, 모델텍스트 파악하기, 글의 전체 계획하기, 내용 생성, 조직, 배열하기 과정에 적용된다.

쓰기 전 단계는 '주제 이해하기-모델텍스트 파악하기(훑어보기, 분석하기)-글의 전체 계획하기-내용 생성, 조직, 배열하기'가 포함되고, 쓰기 단계는 '표현하기', 쓰기 후 단계는 '확인하기 및 수정하기'로 나누어 진행한다.

전체적인 수업 절차는 다음과 같다.

〈표 2〉 수업 절차

쓰기 전	주제 이해하기	⇨	• 쓸 글의 목표와 주제를 이해하기 • 글을 읽을 독자 예상하기
	모델텍스트 파악하기	훑어보기 ⇨	• 전체 내용 파악하기 • 목적 파악하기 • 읽을 독자 파악하기 • 흐름에 따라 개요 작성해 보기 • 상황 맥락 탐색하기
		분석하기 ⇨	• 어휘 분석하기 • 문법 분석하기 • 표지어 분석하기 • 글의 유형 파악하기 • 글의 도식 파악하기
	글의 전체 계획하기	⇨	• 정보 수집하기(모델텍스트의 정보 활용하기, 자신의 배경지식 활용하기) • 전체 구상하기
	내용 생성하기 내용 조직하기 내용 배열하기	⇨	• 쓸 글의 대강의 전체 개요 작성하기 • 쓸 내용 생성하기 • 쓸 글의 구조 유형 도식 조직하기 • 쓸 내용 구조 조직하기 • 쓸 내용 조직하기 • 조직한 내용 배열하기
쓰기	표현하기	⇨	• 모델텍스트의 핵심 어휘, 문법, 표지어 등의 수사적 지식 활용하기 • 중심 생각과 부연 내용 작성하기 • 텍스트 구조 모방하여 쓰기 • 내용 구조 모방하여 쓰기 • 문단 완성하기 • 전체 쓰기
쓰기 후	확인하기 수정하기	⇨	• 자기 확인, 수정하기 • 교사 확인, 수정하기

4.1. 쓰기 전 단계

4.1.1. 주제 이해하기

쓰기에서 주제 인식은 필자 스스로 이 글을 써야 하는 이유와 목적을 설정함으로써 쓰기에 의미를 부여하는 동기화라고 할 만큼 중요하다. 그리고 주제 인식을 바탕으로 자신이 쓴 글을 읽을 독자를 예상하고 그들이 속한 담화공동체의 관습과 규범에 맞게 주제나 목적을 설정하도록 교수한다.

주제 이해하기에서 글을 읽을 독자 예상하기 수업의 실제는 다음과 같다.

※ 다음 주제에 대해 생각해 보고 생각해 봅시다.

　최근 확산되고 있는 소셜 미디어(Social media)는 자신의 생각과 의견, 경험, 관점 등을 서로 공유하기 위해 사용하는 개방화된 온라인상의 콘텐츠입니다. 이것을 통해 현대인들은 전보다 훨씬 빠르고 편리하게 다양한 의견을 자유롭게 표현하고 있습니다. 그러나 무분별한 소셜 미디어의 사용은 여러 가지 문제점을 노출하고 있는데, 그 중에 하나가 '사이버' 폭력이라고 할 수 있습니다. '사이버 폭력'으로 인해 발생하는 문제점과 그 해결방안에 대해 자신의 생각을 써 봅시다.

1. '사이버 폭력'에 대한 글을 쓰는 이유가 무엇인지 생각해 봅시다.
2. '사이버 폭력'이란 무엇인지 구체적인 예(자신의 경험, 주변인의 경험, 미디어를 통한 정보 등)를 들어 서로 이야기해 봅시다.
3. '사이버 폭력'에는 구체적으로 어떤 것이 있습니까?

4. '사이버 폭력'의 문제점이 무엇입니까?

5. '사이버 폭력'이 발생하는 원인은 무엇입니까?

6. '사이버 폭력'을 해결할 수 있는 방법은 무엇입니까?

7. 자신이 쓸 글을 읽을 사람에 대해 다음과 같은 질문을 생각해 보고
   대답도 생각해 봅시다. 그리고 자신의 생각을 표로 완성해 봅시다.

	질문	대답
1)	'사이버 폭력'에 대한 글을 읽을 사람은 누구일 것 같습니까?	
2)	그 사람은 왜 이 글을 읽을 것 같습니까?	
3)	독자가 이 글을 통해 무엇을 알 수 있을 것 같습니까?	
4)		

학습자들이 쓰기 전 단계에 주제를 파악하고 예상 독자가 누구일지에 대해 추측해 보면서 자신이 쓸 글의 방향을 설정하는 데 도움을 받게 된다. 또한 이 글에 관심을 두고 읽을 이에 대한 고려와 배려를 함께 하며 구체적인 쓰기 구성을 계획하여 쓰기에 대한 부담감도 제거할 수 있게 된다.

4.1.2. 모델텍스트 파악하기

① 모델텍스트 훑어읽기

모델텍스트 파악하기는 3~4명이 한 팀을 이루어 협력 활동으로 학습을 진행한다. 교사는 훑어보기 단계에서는 주어진 글의 목적과 맥락을 파악하여 내용의 흐름을 전체적으로 이해하여 텍스트의 상황·맥락적, 주제·내용적, 구조적 지식을 파악하는 데 중점을 둔다. 그리고 분석하기에서는 구조적 지식과 표현적 지식을 구체적으로 분석할 수 있도록 유도하는 역할을 한다.

※ 팀원들과 함께 다음 글을 읽고 의견을 나누어 봅시다.

　최근 인터넷의 사용으로 사람들은 전보다 훨씬 편리하게 다양한 의견을 표현할 수 있게 되었다. 하지만 인터넷은 편리한 만큼 문제점도 많이 발생하고 있는데 그 중 하나가 댓글에 대한 것이다. 인터넷을 통해 기사를 검색하면 그 기사 밑에 쓰여 있는 댓글 때문에 기분이 나빠지는 때도 있고, 글을 쓰고 싶어도 내 글 뒤에 따를 악성댓글이 무서워서 쓰지 못하는 경우도 생긴다.

　전에 어떤 가수의 노래를 듣고 음악적으로 조금 부족한 부분이 있는 것 같다는 글을 올린 적이 있는데, 내 글 아래에 나의 의견 부분에 심한 욕설이 달려 있어서 댓글 때문에 기분이 나빴던 적이 있다. 또 한 번은 정치 토론방에 들어가서 글을 썼는데 내용은 읽어보지도 않고 악성댓글만 계속 이어져서 토론을 포기한 적도 있었다.

　인터넷 문화는 표현과 비판이 자유로운 장점이 있다. 하지만 나만의 자유만 생각하고 행동하면 다른 사람에게 의도하지 않은 피해를 줄 수도 있다. 댓글에 비판이나 반대 의견을 쓰는 것은 좋지만 짧은 글로 표현해야 하는 특성상 더욱 다른 사람의 감정과 생각을 존중해야 할 것이다.

그러므로 자신과 다른 생각을 가지고 있는 것을 잘못된 것으로 생각하고 쓰는 악성 댓글은 사라져야 한다. 이런 악성 댓글 때문에 인터넷 예절이 필요하다고 본다. 전화가 처음 사용되던 때에는 전화를 걸고 받는 것이 아주 중요한 예절로 생각되어 전화를 '제2의 손님'이라고 말했었다. 얼굴이 보이지 않는 전화를 주고받을 때에도 손님을 대하는 것처럼 예절을 지켰던 것과 같이 인터넷이 보편화된 지금은 인터넷 예절을 지키는 것이 필요하다고 본다.

연세대학교 대학출판문화원 '대학 강의 수강을 위한 한국어 읽기 중급1' 수정

1. '악성댓글'의 문제점과 그 원인은 무엇입니까? 그리고 악성 댓글 문제를 해결할 수 있는 방법은 무엇입니까?
2. 위의 글을 읽고 전체 내용을 이해하고 질문에 답해 보세요.
   1) 필자가 이 글을 쓴 이유는 무엇입니까?
   2) '악성 댓글'이란 무엇입니까?
   3) 댓글에 대한 필자의 경험은 무엇입니까?
3. 위의 글은 어떤 유형의 글입니까?
4. 이 글을 읽을 사람이 누구일 것 같습니까?
5. 독자가 이 글을 읽는 이유는 무엇일 것 같습니까?
6. 위의 글에 대한 개요를 작성하여 처음, 중간, 끝의 내용을 정리해 봅시다.
7. 여러분도 인터넷에서 소통하면서 댓글을 많이 활용하고 있습니까? 주로 어떤 경우에 댓글을 답니까?
8. 한국의 '댓글' 문화에 대해서 어떻게 생각합니까? 한국과 여러분 나라의 '댓글' 문화에는 어떤 공통점과 차이점이 있습니까? 한국의 '댓글' 문화의 특별한 점이 있습니까?

모델텍스트를 훑어 읽고 전체 내용을 파악하는 것은 학습자가 쓰기에 대해 가지는 정서적 두려움이나 부담감을 해소하고 쓰기 활동에 능동적인 참여와 관찰을 할 수 있게 하는 장점이 있다. 모델텍스트를 훑어 읽으면서 이 글의 목적과 글을 읽을 독자를 예상할 수 있다. 또한 텍스트는 누가 누구를 대상으로 썼는지, 어떤 상황에서 어떤 목적으로 썼는지, 이것이 독자에게 어떤 영향을 끼치는지, 전달하고자 하는 내용을 어떻게 표현하는지 등에 대한 전체적인 흐름을 탐구하게 된다.

쓰기에서 상황·맥락은 담화공동체 구성원들 간에 의사소통을 실현하는 도구의 역할을 한다. 담화공동체가 서로 합의한 방식의 내용이나 언어의 표현 등으로 쓰기를 이어갈 때 그들 간의 소통이 원활해진다. 모델텍스트에서 상황·맥락을 파악하여 사회 구성원으로 자연스럽게 융화될 수 있는 연습을 함으로써 쓰기 단계에서도 그 지식을 활용하여 쓰기를 하는 데 용이하게 할 수 있다.

② 모델텍스트 분석하기

모델텍스트 분석하기 단계에서는 모델텍스트의 구체적인 언어적 자질에 대해 분석하여 표현적 지식을 파악하고 글의 유형과 도식을 분석하여 구조적 지식을 이해한다.

모델텍스트 분석하기 단계의 수업의 실제는 다음과 같다.

※ 팀원들과 함께 아래의 내용을 확인해 봅시다.

1. 위의 글을 읽고 어휘를 학습해 봅시다.

2. 다음은 문제 해결 유형 쓰기에 활용하는 문법과 표현입니다. 확인해 봅시다.

문제	문제, 의무, (해결)이 필요하다, -어/아/해야 하다, 문제는 -이다, 에 대한 해결이 필요하다, -에 대한 해결이 있어야 하다, -한 목적으로, -위하여, -도록, -에 대하여
해결	해결, 방법, (대안)이 필요하다, (대안)을 해야 하다, -한(대안)이 필요하다, 해결 방법으로

3. 위의 글을 문제 해결 유형 도식에 맞게 완성해 보세요.

	해결 방안	
문제 제기		
	해결 방안	

4. 위의 글에서 문제 해결의 문법과 표현이 쓰인 다음과 같은 문장을 찾아서 공부해 봅시다.

   ◦ 문제점도 많이 발생하고 있는데 그 중 하나가 댓글에 대한 것이다.
   ◦ 다른 사람의 감정과 생각을 존중해야 할 것이다.
   ◦ _____ .

이 단계는 텍스트 안에 사용된 어휘와 관용적 표현, 문장의 표현 방식 등의 문법, 구조에 맞는 표지어 등을 어떻게 사용하였는지를

정확하게 분석하게 된다. 모델텍스트의 명시적 분석에서 쓰기 유형에 맞는 도식 분석은 쓰기의 구조적 지식을 확장하는 데 도움을 준다. 학습자에게 주어진 쓰기 과제는 모델텍스트의 구조 유형과 동일한 것으로 학습자는 모델텍스트에서 도식에 대한 명시적인 학습을 거쳐 자신의 글을 완성하게 된다. 쓰기에서 구조적 지식은 학습자가 수집한 자료의 정보를 조직적으로 배열하고 정리하는 데 도움을 주는 것으로 결과물의 완성도를 더 높일 수 있는 역할을 한다.

그리고 학습자는 자신이 가진 배경지식과 모델텍스트에서 추출한 정보를 활용하여 정보 수집을 마친 후 자신이 쓸 글의 전체를 계획하고 내용의 생성, 조직, 배열하여 쓰기 단계를 준비한다.

4.2. 쓰기 단계

표현하기는 실제 글을 생성하는 활동이 중심을 이룬다. 이 단계에서는 주제에 맞게 생성되고 조직된 내용 정보를 효율적으로 독자에게 전달하기 위한 것으로 언어 지식을 활용하여 정확하고 완벽한 문장을 구성하는 것이 중요하다.

쓰기는 독자와 필자 사이에는 상황에 대한 공통적인 지각없이 의사소통이 이루어지므로 필자는 자신이 표현하고자 하는 의미를 독자가 텍스트를 통해 충분히 이해할 수 있도록 명확하게 표현해야 한다.

4.3. 쓰기 후 단계

자기 확인 및 수정하기는 표현하기 단계를 거친 글의 내용과 구성, 표현 등을 학습자인 필자가 자기 주도적으로 확인하고 점검하여 내용을 수정하는 활동이다.

5. 적용상의 유의점

모델텍스트를 활용한 협력활동 한국어 쓰기는 목표어에 대한 지식과 정보가 부족한 학습자들이 글의 재료를 찾아 재구성하는 데 도움을 주고 동료들과의 대화와 타협을 통하여 상황과 맥락에 맞는 쓰기 결과물을 산출하는 데 초점을 두고 있다. 하지만 다음과 같은 점에 유의하여 적용하여야 한다.

첫째, 모델텍스트의 기계적인 연습으로 실제 쓰기 상황에 제대로 전이되지 못하여 수집한 정보나 체득한 지식을 재구성하여 변형시키지 못하고 단순 모방의 기계적인 쓰기 연습으로만 활용하지 않아야 한다.

둘째, 모델텍스트 활용의 정확성에 초점을 맞추어 학습자의 창조적 표현 의욕을 상실하게 만들어서는 안 된다. 창의적 쓰기 능력보다는 모델링의 학습에만 치중하여 예측하지 않은 돌발 언어 상황에서 능력이 결여될 수도 있다.

셋째, 협력활동에서 팀 안에 특정 학습자나 리더가 잘못 이해하고 있을 때 다른 사람들이 그것을 그대로 모방하여 잘못된 이해가 강화되는 경향이 생길 수 있다.

넷째, 팀원 간 상호인격을 존중하며 상호작용을 할 필요가 있는데 학습능력이 높은 학습자가 일방적으로 이끌어가거나 능력이 부족한 학습자의 소극적 참여로 이어져 균형적인 참여가 이루어지지 않을 수 있다.

제2장 형태 초점 접근법의 문법 교수를 활용한 한국어 통제 작문

1. 필요성

쓰기는 자신의 의견이나 감정, 생각 등의 내적 사고 활동과 사회·인지적 상황을 고려한 사회적 상호 작용으로 구성한 내용을 정확한 문법으로 표현하는 고차원적인 의사소통 활동이다. 쓰기의 궁극적인 목적은 문어 표현, 즉 문법을 효과적이고 올바르게 사용할 수 있는 지식을 제공하여 오류 없는 정확한 결과물을 창출해내는 것이라고 할 수 있다.

문법은 언어에 내재화된 규칙의 집합으로, 한 언어에 존재하는 수많은 형태들이 어떻게 배열되어 하나의 명제로서의 의미체를 형성하는지에 관한 기본적인 구조와 규칙을 제시해주는 것으로 이러한 기본적인 구조와 규칙에 대한 지식의 이해 또는 입력이 전제되지 않으면 효율적인 언어 습득은 거의 불가능하다(우형식, 2009). 즉, 문법은 학습자가 무한한 문장을 만들어 낼 수 있는 수단이 되고 언어에 정교한 의미를 제공한다. 그래서 학습자들은 문법을 통해 다양한 의미를 표현할 수 있는 수단을 확보하여 다양한 언어 기능에 활용하게 된다.

문법은 언어적 구속보다는 맥락에 맞게 의미를 표현하고, 화자가 원하는 방식으로 표현하는 유연하도고 풍부한 체계로 풍부한 의미와 적절한 사용에 중점을 둘 필요가 있다.

한국어 교육 문법에서 규칙적으로서의 문법과 사용으로서의 문법을 적절하게 중간 지점에서 활용하는 것이 필요하다(우형식, 2015). 규칙으로서의 문법은 한국어 학습자들이 복잡한 언어 구조에 체계적으로 부딪혀 가면서 한국어에 내재된 규칙을 수용하고 종합할 수 있게 하며 사용으로서의 문법은 실제적 상황에서 다양한 맥락에 적절히 대처하며 한국어를 사용할 수 있는 능력을 부여해 준다. 즉, 문법은 학습자의 머릿속에 구조와 규칙으로 내재화된 상태에서 언어 기능으로 확장되어 실제적인 언어 상황에서 적절히 활용될 수 있어야 한다.

그런데 한국어 학습자들이 한국어라는 목표어로 언어 기능 중 쓰기를 하고자 할 때 모국어로 의미 구성 과정을 거치고 내용 정보를 정리했다고 하더라도 한국어라는 목표어의 문법의 형태나 구조를 수용하여 그 사회의 맥락에 맞고 다양한 상황에서 정확하고 유창한 문장을 생성하는 데 어려움을 겪게 된다. 이때 학습자들의 쓰기 능력을 향상시키기 위해서는 쓰기의 단계적 학습이 필요한데 그것이 통제 작문(controlled writing)이 될 수 있다.

통제 작문은 자유 작문으로 가는 중간 단계의 연습 과정으로 학생들은 이를 통해 주어진 언어 형태를 적절히 바꾸어보며 정확한 언어 형태를 익힐 수 있어 한국어 학습자들의 쓰기에 대한 부담과 어려움을 줄일 수 있다. 학습자들은 통제 작문을 거쳐 정확한 언어 형태를 익히는 연습을 하여 언어 기술의 자동화를 이루고 자유롭게 의사소통을 할 수 있는 정확성과 유창성을 기를 수 있다.

통제 작문은 쓰기 교수 방법으로 활용도가 높고 학습자들의 쓰기 능력 향상에 상당히 도움이 되며 교사가 수업 준비를 하는데 경제적이고 용이하다는 이유로 언어 교육 현장에서 교수 방법으로 이미 많이 사용되고 있다. 그리고 통제 작문은 학습자들이 빈번히 범할 수 있는 오류를 교정해 줄 수 있고 체계적인 지도가 가능하고 평가하기가 용이하다는 장점을 인정받고 있다(Rivers, 1981). 그런데 정확한 언어 형태를 익히는 연습에만 치중한 나머지 의사소통을 위한 과제의 특성이 결여되어 단순한 연습에 그칠 위험이 있으며 쓰기 교수 방법으로 시대적인 흐름에도 뒤떨어진다는 편견 때문에 이에 대한 이론적인 논의나 연구는 미흡한 실정이라고 할 수 있다.

통제 작문의 이러한 문제점을 보완할 수 있는 방법으로 형태 초점 접근법(Focus on Form)의 기법 중 하나인 입력 강화(input enhancement)와 입력 처리(Input processing)가 활용될 수 있다. 형태 초점 교수법은 의사소통 능력의 신장을 목표로 하는 의미 중심의 수업에서 문맥의 의미를 강조하면서도 형태의 정확성을 강조하여 한국어 학습자들의 쓰기 능력을 향상시키는 데 도움이 될 것이다.

2. 통제 작문

통제 작문은 행동주의와 구조주의 영향을 받은 1950~60년대의 청화식 교수법(Audiolingual Method)에서 개발되었다. 구두 언어를 강조하여 말하기가 우선이고 쓰기는 문법적인 형태를 완전히 익히는 데 부차적인 것으로 간주되어, 구두로 문형 연습(pattern practice)을 충분히 한 후에 쓰기 학습으로 들어가게 되며 문형 연습을 한 구문에 대해서만 쓰기 연습을 한다. 교사는 글의 내용과 언어의 사용을 모두 통제시키고 제한하는데, 이는 문장의 내용이나 사용되는 어휘, 문법, 구문 등의 표현을 교사가 지시하거나 제한을 시키고 학습자들은 그 지시에 맞춰 쓰는 것을 의미한다.

Tomlinson(1983)은 통제 작문의 유형을 다음과 같이 제시하였다.

① 빈칸을 채워 쓰기
② 빈칸이나 질문에 대한 알맞은 보기를 고르기
③ 주어진 지시에 따라 문법 구조나 어휘를 바꿔 표현을 변형시키기
④ 문법적이고 유의미한 문장을 구성하기 위해 뒤섞인 단어들을 재배열하기
⑤ 응집성과 일관성을 지닌 문단을 구성하기 위해 뒤섞인 문장들을 재배열하기
⑥ 문장을 완성하기
⑦ 문법 대치 표를 활용해 문장을 만들기
⑧ 교사의 문장이나 문단을 듣고 받아쓰기

통제가 많은 만큼 교사는 학습자의 쓰기를 쉽게 예측할 수 있고

동일한 활동을 반복적으로 연습함으로써 그 문장의 구조나 특징을 파악하게 되고 문법이나 어휘 등을 익힐 수 있다. 초급이나 중급단계에서 주로 이루어지는 활동으로 초급 단계에서는 긴 글을 쓸 수 있는 능력이 부족하기 때문에 어휘나 구문처럼 작은 것부터 써나가는 연습으로 진행된다. 그래서 통제 작문은 작문 실력이 부족한 학생들을 지도하는 데 효율적이며, 자유 직문 진에 구문이나 어휘의 사용하는 데 필요한 활동이 될 수도 있다(Raimes, 1983). 그리고 통제 작문은 하나의 정답이 있으며 학생들에게 기대되어지는 내용이 뚜렷한 통제 작문은 교사의 체계적인 지도가 가능해 초급 수준의 학습자에게 널리 쓰이며 모든 조건이 주어진 상태에서 시행되는 비교적 간단한 작문으로 학습자의 부담은 덜어주면서 정확하게 글을 쓸 수 있게 한다는 이점이 있다(최연희, 2009).

3. 형태 초점 교수법

3.1. 형태 초점 교수법의 유형

의사소통 중심의 언어 교육에 치중하게 되면 언어의 유창성은 향상되지만, 정확성이 뒤떨어진다는 문제가 발생한다. 이를 해결하기 위해 문맥의 의미를 강조하면서도 형태의 정확성을 제시해 완전한 의사소통을 하도록 하는 형태 초점 접근법(Focus on Form)이 대두되었다. 이 방법은 Long(1988)이 처음 사용한 개념으로 의사소통 활동에 문법 교육을 접목시켜 학습자를 수업에 적극적으로 참여시켜, 목표 언어의 형태, 의미, 기능을 통합하여 내재화할 수 있도록 하여, 유창성과 정확성을 균형 있게 발달시키고자 하였다.

형태 초점 교수법은 의사소통 능력의 신장을 목표로 하는 의미 중심의 수업에서 학습자가 형태에 주목하게 하는 데 사용되는 모든 기법들을 포괄하는 개념이다. 이것은 다양한 기법들로 구성되어 있는데 이를 크게 입력 중심과 출력 중심으로 나눌 수 있다.

〈표 1〉 형태 초점 교수법의 하위 기법

입력 중심	출력 중심
• 입력 홍수(input flooding)	• 듣고 다시쓰기(dictogloss)
• 입력 강화(input enhancement)	• 고쳐 말하기(recast)
• 입력 처리(input processing)	• 의식 고양 과제(consciousness-raising task)
• 명시적 규칙 설명(explicit expression)	• 미로 찾기(garden path)

입력 중심의 기법인 입력 홍수는 목표 형태에 대한 명시적인 언급

없이 입력 자료를 조작하여 목표 언어 형태를 반복적으로 노출시키는 방법이고, 입력 강화는 읽기 자료나 의소통적 과제 활동 등 담화 수준의 입력 자료 속에서 목표 언어 형태를 시각적 또는 청각적으로 두드러지게 처리하여 학습자에게 목표 형태에 주목하게 하는 방법이다. 입력 처리는 학습자가 언어 형식과 의미, 기능을 연결시키는데 사용하는 전략과 기제를 의미하며, 입력 처리로부터 도출한 통찰력을 교육적으로 조정하는 것을 처리 교수(processing instruction)라고 한다. 그리고 명시적 규칙 설명은 문법 규칙을 메타 언어를 사용하면서 명시적으로 설명하는 것으로, 대부분의 언어 교수·학습 과정에서 당연한 것으로 수용되는 것이기도 하다.

출력 중심의 기법인 듣고 다시쓰기는 교사가 들려준 내용을 학습자들이 다시 쓰는 활동을 통해 구조와 형태에 대해 주목하도록 하는 것이고, 고쳐 말하기는 표현 활동에서 보이는 오류에 대해 반응하는 것으로 일종의 오류 교정 피드백에 해당한다. 그리고 의식 고양 과제는 목표 언어 항목에 대한 주의 집중을 유도하는 과제 활동으로, 미로 찾기는 규칙의 과잉일반화로 나타나는 오류 수정을 통해 학습자가 스스로 목표어에 내재된 규칙을 찾도록 유도하는 기법이다.

3.2. 입력 강화와 입력 처리

형태 초점 접근법은 의미와 기능을 바탕으로 의사소통에 목표를 학습자들이 문법 규칙과 어휘, 음운, 형태 등의 언어 요소에 주목하게 하고 입력 자료의 이해를 돕고 발화의 정확성을 강조한다.

언어 습득에서 입력은 학습자에게 노출되는 모든 유형의 자료를 지칭하는 것으로 학습자들은 이것을 기반으로 목표 언어를 학습하게 되는 것이다(Krashen, 1982; Van Patten, 1996). 학습자들의 주의를 집중시킬 수 있는 적절한 입력 자료는 목표어의 습득에 큰 도움이 된다. 제2언어로 의사소통을 원활하게 하기 위해서는 학습자에게 주어진 입력이 수용과 습득으로 이어질 수 있도록 입력 자료를 좀 더 효과적으로 제시할 필요가 있다.

입력 강화는 의사소통 위주의 수업을 유지하면서 필요에 따라 학습자들이 목표 항목의 형태나 구조, 내용에 더욱 집중할 수 있도록 학습자들의 관심과 주의력을 끌어들이는 방법이다. 입력 강화를 텍스트 강화라 칭하기도 하는데, 텍스트 강화란 언어 학습자의 주의를 목표 문법 항목에 끌어들이기 위해 글자체를 진하게 하거나 굵게 하고 기울여 쓰거나 밑줄을 치는 등 활자상의 차이를 사용하는 것을 말한다(우형식, 2015).

Sharewood(1991)에 의해 처음 소개된 입력 강화는 학습자로 하여금 제2언어 입력에 있어 특정 자질에 주의를 기울일 수 있도록 명시적으로 나타내 주는 의도적인 시도를 의미한다. 입력 강화는 크게 시각적 입력 강화와 청각적 입력 강화로 나누어지는데, 시각적 입력 강화는 목표 항목을 시각적으로 눈에 띄게 함으로써 의도적으로 학습하고자 하는 부분을 학습자들에게 간접적으로 주지시키고, 귀납적으로 스스로 인식하여 규칙과 일반화 나아가 의미와 목적을 알게 하는 방법이다. 청각적 입력 강화는 교사가 사용하는 도구를 이용한 방법과 교사의 직접적인 행동으로 나누어 생각할 수 있다. 컴퓨터나 여러 도구가 부족했던 과거의 수업 현장에서는 교사가 직접 집중해야 하는 목표 항목을 목소리에 조금 더 힘을 주고 이야기를 하기, 과장된 억양으로 강조를 하기, 천천히 말하기, 반복해서 따라하기 등을 활용해서 의도적으로 주의를 끌어왔다.

입력 처리는 학습자가 언어 형식과 의미 그리고 기능을 연결시키는 데 사용하는 전략과 기제를 의미한다(Van Patten, 2004). 입력 처리는 단순히 많은 것이 학습자에게 제공되는 될 때 습득되는 것이 아니라 일련의 체계적인 입력 구조를 갖추어야 보다 효율적으로 습득될 수 있다고 본다. 따라서 교사는 학습자들에게 명시적 설명을 하고 그 내용을 처리하는 전략 정보를 제시한 후 단순 대치와 같은 연습 형태가 아닌 형태와 의미를 연결해 줄 수 있는 구조화된 입력 활동으로 입력 자료를 순차적으로 제공함으로써 학습자의 바른 입력 처리 전략을 도와준다. 교사가 학습자의 바른 입력 처리 방법에 초점을 맞추어 학습 첫 단계부터 다양한 학습 활동을 제공하면 학습자는 목표 형태를 오류 없이 인지하고 내재화(intake)할 수 있어 스스로 바른 입력 형태를 찾아가게 된다는 것이다.

4. 수업에서의 적용

형태 초점 접근법의 문법 교수를 활용한 한국어 통제 작문에서 입력 강화와 입력 처리는 쓰기 전 단계의 문법 교수 과정에 적용된다.

쓰기 전 단계는 '장르 확인하기, 주제 확인하기 – 사전 쓰기 – 문법 교수(도입, 제시, 연습, 활용, 마무리)'가 포함되고, 쓰기 단계는 표현하기, 쓰기 후 단계는 확인하기 및 수정하기로 나누어 진행한다.

전체적인 수업 절차는 다음과 같다.

〈표 1〉 수업 절차

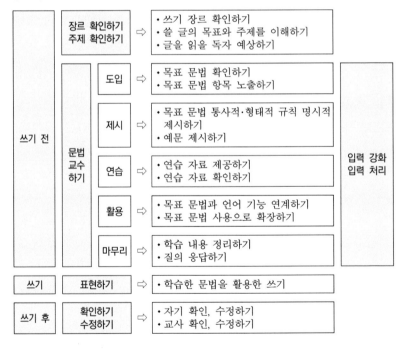

4.1. 쓰기 전 단계

4.1.1. 장르 확인하기와 주제 확인하기

쓰기 장르는 사회·문화적 맥락의 범위를 통틀어 드러나는 텍스트의 형식이다. 장르는 곧 텍스트 유형이 되며, 텍스트 유형은 보통 설명, 논증, 서사, 묘사 등으로 분류된다.

쓰기에서 주제 인식은 필자 스스로 이 글을 써야 하는 이유와 목적을 설정함으로써 쓰기에 의미를 부여하는 동기화라고 할 만큼 중요하다. 그리고 주제 인식을 바탕으로 자신이 쓴 글을 읽을 독자를 예상하고 그들이 속한 담화공동체의 관습과 규범에 맞게 주제나 목적을 설정하도록 교수한다.

장르 확인하기와 주제 이해하기는 사전 쓰기 주제 제시를 통해 확인이 가능하다.

장르는 사회 문화적 상황 맥락을 해석할 수 있는 기반을 제공하는 것으로 담화공동체 구성원의 관습과 규범을 드러낸다. 여기에서는 설명하는 글쓰기에서 장단점을 나열하는 비교·대조의 글을 쓰는 연습을 한다.

※ 다음 표를 보고 인터넷쇼핑의 장단점에 대해 쓰십시오.

인터넷 쇼핑의 장점	인터넷 쇼핑의 단점
• 시간과 장소에 상관없이 쇼핑을 할 수 있다. • 물건을 집 앞까지 배송해 준다.	• 반품이나 교환을 하는 것이 번거롭다. • 직접 입어보거나 볼 수 없다.

1) 위의 표를 통해 어떤 유형의 글을 쓸 수 있습니까?

2) 비교의 글을 쓸 때 필요한 표현을 이야기해 봅시다.

3) 이 글의 주제는 무엇입니까?

4) 다음 표를 보고 인터넷 쇼핑 장단점에 대해 'A/V-(으)ㄴ/ㄴ/는 데다가'를 사용하여 중간 부분에 들어갈 내용을 200~250자로 쓰십시오.

　요즘 인터넷 쇼핑을 하는 사람들이 점점 늘어나고 있다. 인터넷 쇼핑을 잘 활용하면 편리한 쇼핑 방법이지만 잘못 사용하면 번거로운 쇼핑 방법이 될 수 있으므로 이를 올바르게 활용하기 위해서는 장점과 단점을 잘 살펴보아야 한다.

_____

반면에 _____

_____

　인터넷 쇼핑을 잘 활용하면 집에서도 편리하게 쇼핑을 즐길 수 있다. 그러므로 인터넷 쇼핑을 할 때는 장점과 단점을 고려해서 물건을 잘 고르는 것이 무엇보다 중요하다.

4.1.2. 문법 교수

① 도입

도입 단계는 자연스러운 맥락에서 가능한 전체 과제와 연결될 수 있도록 하는 상황에서 목표 문법 항목을 인식하도록 한다. 이 단계에서는 목표 문법을 사용할 수 있는 상황을 유도하여 목표 항목의 노출을 자연스럽게 이끌어 낸다. 학습자들의 흥미를 유발할 수 있는 '한류'를 주제로 문법의 형태와 의미, 사용을 명확하게 확인할 수 있도록 하였다.

시각적 입력 강화의 교수 방법을 활용하여 학습자에게 자료를 제공하고 교사는 학습자와의 상호작용을 하면서 청각적 입력 강화를 활용하여 교수한다.

※ 옆 사람과 함께 다음 대화를 읽어 보세요. 그리고 밑줄 친 부분을 보고 오늘 배울 내용이 무엇일지 생각해 보세요.

　수후: 미나 씨가 좋아하는 방탄소년단이 텔레비전에 나왔네요.

　미나: 정말 멋있죠. 방탄소년단은 노래를 <u>잘하는 데다가</u> 춤까지 잘 춰서 인기가 많은 것 같아요.

　수후: 맞아요. 노래에 춤까지 실력이 대단한 것 같아요.

　미나: 또 실력도 <u>좋을 뿐만 아니라</u> 외모도 멋있잖아요. 그래서 더 좋아요.

---

② 제시

제시 단계에서는 학습자가 입력 처리 활동을 적용한 수업에서는 학습자들에게 목표 문법의 통사적 형태적 규칙을 명시적으로 제시하고 설명한다. 명시적 문법 자료와 함께 예문을 제시하는데 학습자들은 목표 문법 규칙을 발화하지 않고 목표 형태에 주의를 기울이면서 입력을 처리하고 정확하게 이해하도록 한다. 이 단계에는 교사가 문법의 형태적, 의미적, 화용상의 특징 등을 명시적으로 설명하는 단계를 거쳐 정확하게 학습할 수 있도록 한다.

입력 처리 활동은 학습자들이 입력 데이터를 받아들이도록 함으로써 영향을 미치는 것을 목적으로 한다. 활동지는 시각적 청각적 입력 강화 기법도 활용하여 학습자에게 제공한다.

※ 다음 표를 보고 'A/V-(으)ㄴ/ㄴ/는 데다가'가 품사와 연결되는 형태를 확인해 봅시다.

동사	현재	받침 ○, X	-는 데다가
	과거	받침 X	-ㄴ 데다가
		받침 ○	-은 데다가
	-있다/없다		-는 데다가
형용사	받침 ○		-은 데다가
	받침 X		-ㄴ 데다가

※ 다음 예문을 보고 '-은/는 데다가' 문법의 규칙을 확인해 봅시다.
- 감기가 심해서 열이 나는 데다가 콧물도 난다.
- 오늘은 날씨가 좋은 데다가 하늘도 맑아서 기분이 좋다.
- 그 식당은 저렴한 데다가 맛도 있어서 자주 이용한다.

이 단계는 입력 처리 단계에서 처리 전략 단계로 볼 수 있다. 학습자들은 목표 문법 항목의 형태나 구조에 대한 정보와 더불어 형태

에 주의를 기울이는 데 요구되는 입력에 필요한 단서나 힌트 등과 같은 처리전략을 제공받는다. 처리 교수에서는 문법 항목의 형태적 특징과 규칙을 설명하지만, 명시적인 설명을 통해 형태와 의미를 연결하는 것과 학습자의 입력처리 과정에서 습득에 부정적인 영향을 줄 수 있는 처리 전략을 개선시키는 것을 강조한다. 그리하여 처리교수는 목표 문법 항목에 대한 명시적 설명과 주의해야 할 처리전략에 대한 명시적 설명이 주어진 후, 목표 문법 항목을 연습하기 위한 활동을 수행한다.

③ 연습

연습 단계에서는 입력 처리의 구조화된 입력 활동으로 학습자들이 입력을 처리하는 문장들에 활발하게 참여할 수 있도록 자료를 제공하였다. 구조화된 입력 활동 단계에서 학습자는 목표 문법 항목에 대해 구어 혹은 문어 자료를 통해 문장을 정확하게 처리할 수 있도록 유도한다. Van Patten(1996)은 구조화된 입력(structured input)은 학습자가 형태와 구조에 의존하여 의미를 얻거나 형태를 더 잘 처리하도록 특별히 조작된 자료를 의미한다고 하였다.

구조화된 입력 활동은 지시적 활동(referential activity)과 정의적 활동(affective activity)으로 구분된다. 지시적 활동은 학습자가 의미를 파악하기 위해 목표 문법 항목의 형태나 구조에 의존하면서 정답 혹은 오답을 고르도록 구성된다. 그리고 정의적 활동은 학습자들이 실제적 상황과 관련된 정보를 처리하면서 자신의 의견이나 신념, 태도 등을 표현하도록 구성되는데, 정답이 주어지지 않는 활동이기 때문에 지시적 활동을 통해 학습자들이 형태와 의미를 정확하게 연결할 수 있도록 한 후에 시행한다. 특히 정의적 활동은 실세계에 대한 정보를 처리하여 목표 문법 항목의 내재화를 돕는다는 점에서 유용하다.

연습 단계에서 구조화된 입력 활동의 지시적 활동과 정의적 활동의 실제적인 예는 다음과 같다.

---

1. 아래의 단어를 빈 칸에 알맞은 것을 골라 써 넣으세요.

놀이공원	알람 소리	불러요

① 나는 오늘 9시에 수업이 있었다. 그런데 오늘 아침 _____를 듣지 못 해서 늦잠을 잔 데다가 버스도 놓쳐서 40분이나 지각을 했다.

② 오늘 점심을 많은 먹은 데다가 1시간 전에 친구가 준 과자를 먹어서 배가 _____. 그래서 저녁을 안 먹으려고 해요.

③ 민지는 하루 종일 기분이 좋아요. 오늘 생일이라서 퇴근 후에 친구와 파티를 할 뿐만 아니라 내일은 남자 친구와 _____에 가기로 했기 때문이에요.

2. 잘 듣고 문장이 사실이면 '예'에, 사실이 아니면 '아니요'에 ○표하세요.

물건의 종류가 많아서 인터넷으로 쇼핑을 해요.　(예 / 아니요)

버스를 놓치고 길도 막혔어요.　(예 / 아니요)

바람도 불고 비도 올 거예요.　(예 / 아니요)

영화를 보고 식사를 했어요.　(예 / 아니요)

---

① 상품이 다양한데다가 가격도 싸서 인터넷 쇼핑을 해요.

② 버스를 놓친 데다가 길도 막혀서 약속 시간에 늦었어요.

③ 이번 태풍은 바람이 심하게 부는 데다가 비도 많이 올 거라고 해요.

④ 어제 친구와 영화를 본 데다가 쇼핑까지 해서 피곤해요.

3. 1) 내가 그 친구를 좋아하는 이유에 ∨표 하세요.

   2) 친구에게도 물어보고 친구를 좋아하는 이유에 ∨표 하세요.

친구를 좋아하는 이유	나	친구
성격이 명랑한 데다가 항상 웃는다.	∨	∨
키가 큰 데다가 잘생겼다.		
나의 말을 잘 들어주는 데다가 목소리가 좋다.		
예쁜 데다가 착하다.		
노래를 잘 부르는 데다가 춤도 잘 춘다.		

④ 활용

활용 단계에서는 지금까지 학습한 목표 문법을 언어 기능과 연계하여 제시한다. 교사는 학습한 내용에 대해 정리하여 학습자에게 전달하고, 학습자가 실생활에서 의사소통 능력으로 활용할 수 있도록 해야 한다. 여기에서는 문법을 쓰기와 연계하여 언어 기능을 학습할 수 있도록 한다.

활용 단계의 시각적 입력 강화 활동지의 예는 다음과 같다.

※ 시각적 입력 강화 활동지의 예

1. 다음 글을 읽고 아래의 표를 완성해 보세요.

> 휴대폰은 휴대가 **간편한 데다가** 사용이 편리하다는 장점이 있다. 또 다른 장점은 다양한 정보가 들어 **있는 데다가** 정보를 찾는 시간을 절약할 수 있다는 것이다. 반면에 휴대폰은 가격이 비싼 데다가 눈이 나빠진다는 단점이 있다. 그리고 전자파가 나와 건강이 **나빠지는 데다가** 중독이 될 위험이 있다는 문제점이 있다.

휴대폰의 장점	휴대폰의 단점
• _____	• _____
• _____	• _____
• _____	• _____

시각적 입력 강화는 큰 글씨, 진하게, 밑줄, 다른 글씨체를 사용한다. 청각적 입력 강화는 교사의 목소리에 조금 더 힘을 주고 이야기를 하기, 과장된 억양으로 강조를 하기, 천천히 말하기, 반복해서 따라하기를 모두 활용한다. 이 단계에서는 목표 문법을 사용할

수 있는 상황을 유도하여 목표 항목의 노출을 자연스럽게 이끌어
낸다.

---

2. 다음 표를 보고 글을 완성해 보세요.

SNS의 장점	SNS의 단점
• 언제 어디서나 사람들과 소통할 수 있다. • 자신의 생각을 사람들과 자유롭게 나눌 수 있다. • 정보를 생생하게 전달한다. • 다양한 정보를 얻을 수 있다.	• 시간을 낭비할 수 있다. • 개인 정보가 노출될 수 있다. • 정확하지 않은 정보를 얻을 수 있다. • 중독이 될 위험성이 있다.

SNS는 ＿＿＿＿＿＿＿는 장점이 있다. 또 다른 장점은 ＿＿＿＿＿＿
는 것이다.

반면에 SNS로 ＿＿＿＿＿＿＿는 단점이 있다. 그리고 ＿＿＿＿＿＿
는 문제점이 있다.

---

⑤ **마무리**

마무리 단계에서 교사는 학습한 내용에 대해 정리하여 학습자에
게 전달하고, 학습자가 다양한 언어 기능에서 문법을 활용할 수
있도록 하고 쓰기에서 정확하게 문법을 활용할 수 있도록 해야 한
다. 학습자들과의 자연스러운 질문, 대답에서 학습 목표 항목이
노출될 수 있도록 하여 마무리한다.

4.2. 쓰기 단계

쓰기 주제는 '유행어의 장점과 단점'이다.

목표 문법 항목인 'A/V-(으)ㄴ/ㄴ/는 데다가'를 적극적으로 활용하도록 지시문에 명시적으로 제시한다.

※ 다음 표를 보고 유행어의 장단점에 대해 'A/V-(으)ㄴ/ㄴ/는 데다가'를 사용하여 중간 부분에 들어갈 내용을 200~250자로 쓰십시오.

유행어의 장점	유행어의 단점
• 친구들과 재미있게 대화할 수 있어서 좋다. • 짧은 표현으로 소통이 가능하다.	• 상대방의 기분을 나쁘게 할 수 있다. • 세대 차이가 심해질 수 있다.

4.3. 쓰기 후 단계

자기 확인 및 수정하기는 표현하기 단계를 거친 글의 내용과 구성, 표현 등을 학습자인 필자가 자기 주도적으로 확인하고 점검하여 내용을 수정하는 활동이다.

5. 적용상의 유의점

형태 초점 접근법의 문법 교수를 활용한 한국어 통제 작문은 입력 강화와 입력 처리 기법을 활용한 문법 교수를 기반으로 통제 작문을 거쳐 정확한 언어 형태를 익히는 연습을 하여 언어 기술의 자동화를 이루고 자유롭게 의사소통을 할 수 있는 정확성과 유창성을 기르는 것에 초점을 두고 있다. 하지만 형태 초점 접근법의 문법 교수를 활용한 통제 작문은 다음과 같은 점에 유의하여 적용하여야 한다.

첫째, 학습자가 실제로 형태와 의미를 연결할 수 있는지 정확하게 판단하기 어려우므로, 상황에 따라 그 효과가 달라지기 때문에 교사는 입력 후 학습자에게 간단한 연습이나 질문을 통해 입력을 확인하는 단계가 필요하다.

둘째, 지나친 입력 강화는 학습자의 주의를 다른 곳으로 돌릴 가능성이 있다. 다시 말해, 지나친 시각적 입력 강화 및 청각적 입력 강화는 오히려 의미에 주의를 덜 기울이거나 생각을 차단시키는 위험도 있다(우형식, 2015).

셋째, 구조화된 입력 활동 자료가 충분해야 습득력을 높일 수 있으므로 수업 준비 단계에서 교사의 부담이 크며, 분석적이지 못하거나 주의 집중력이 낮은 학습자는 수업 참여도와 집중도가 낮아져 습득력이 떨어질 수 있다.

넷째, 교사가 많은 것에 제한을 두고 반복적으로 활동이 이루어지다 보니 학습자는 지루함을 느낄 수 있으며, 학습이나 쓰기에 대한 동기 유발이 어렵고 오히려 반복적인 연습이 흥미를 잃게 만들 수 있다.

　다섯째, 쓰기가 문법 활용 연습으로 그치거나 말하기나 읽기, 듣기와 같은 다른 영역의 보조적인 수단으로만 활용될 수 있는 한계를 지니고 있다.

제3장 복합형태 '기 위해(서)/위한, 을/를 위해(서)/위한'을 활용한 한국어 쓰기

1. 필요성

언어의 사용의 목적은 성공적인 의사소통이 가장 근본적인 것이다. 한국어 교육에서도 학습자들에게 음성 언어와 문자 언어, 기호와 매체 등을 자신의 의도에 맞게 활용하여 성공적으로 의사소통할 수 있도록 교수 학습하는 것이 중요하다. 그런데 한국어 학습자들은 음성 언어를 활용하는 언어 영역에 비해 문자 언어를 활용하는 언어 영역 즉 쓰기에 더 큰 어려움을 겪고 있다. 이러한 이유로 한국어 교육에서도 쓰기에 대한 연구가 많이 진행되고 있는 편이다. 성아영·이경(2016)에서는 학문 목적 학습자에 대한 학위 논문 총 238편의 동향 분석을 실시하였는데 언어 기능별 연구에서 '쓰기'에 관한 연구가 전체 논문의 50.3%로 절반 이상의 비중을 차지한다고 하였다. 쓰기 연구가 많이 나오는 이유는 학문 목적의 한국어 학습자들에게 요구되는 보고서 및 답안지 작성, 요약문 쓰기, 이메일 작성 등에서 어려움을 겪기 때문이라고 하였다.

이러한 한국어 학습자 중에서 전공 과정을 학습하는 학문 목적이나 다양한 직무를 수행하는 직업 목적을 가진 이들은 학술논문, 보고서, 기사문 등의 학술적이고 전문적이며 공식적인 질 높은 한국어 쓰기를 요구받는다. 이들은 성인으로서 모국어를 통한 인지적 사고 능력을 갖추어 자신의 기존 지식과 경험을 바탕으로 의미를 생성하는데 그다지 어려움이 없으나 상황 맥락에 맞는 언어 표현 지식에 대한 이해의 부족으로 완성도 높은 텍스트를 생산하지 못하여 담화공동체의 구성원 안에 포함되기가 힘든 경우가 발생하기도 한다. 언어 표현 지식은 모어를 사용하는 학습자가 듣고 말하고 읽고 쓰는데 직접적으로 도움을 줄 수 있는 의사소통 능력으로서의 역할을 담당해야 한다. 하지만 언어 표현 지식 즉 문법이 이론적 지식으로만 실재하여 실용 문법의 역할을 제대로 하지 못하기 때문에 성인 모국어 글쓴이들이 작문(쓰기)을 할 때도 많은 어려움을 겪고 있다(이삼형 외, 2015). 이처럼 모어 사용자에게도 부담이 되는 언어 표현 지식은 외국인 학습자에게는 더 큰 부담이 될 수 있을 것이다.

이때 학습자들의 쓰기에 대한 심적 부담을 덜고 쓰기 능력을 향상시키기 위해서는 도움 요소가 필요한데 그것이 복합 형태의 학습이 될 수 있다. 임진숙(2018)에서는 복합 형태는 언어 학습에서 시간적 경제성, 문법적 정확성 등의 언어 발달에서 중요한 역할을 하여 유창하고 정확한 의사소통 능력을 키우는 데 도움을 주고 있어(Thornbury, 2004; Sinclair, 1991; Miller, 1956) 한국어 교육에서도 주요한 논의 대상으로 지속적으로 연구되고 있으며, 교수 현장에서도 필수 문법 항목으로 제시되고 있다고 밝힌 바 있다.

특히 복합 형태 중에서도 목적표현 '기 위해(서)/위한', '을/를 위해(서)/위한'1)은 한국어 쓰기에 사용 빈도가 높다. '기 위해(서)/위한', '을/를 위해(서)/위한'은 의미적으로 목적 표현에 속한다. 목적 표현은 목적 관계의 연결어미나 복합 형태 등에 의해 실현되며 선행절 내용이 후행절 행위의 목적이 되도록 선행절과 후행절을 이어주는 관계를 말한다.

전문적이고 공적인 글쓰기에 활용이 많은 '기 위해(서)/위한', '을/를 위해(서)/위한'의 학습을 통해 전공 과정을 학습하는 학문 목적이나 다양한 직무를 수행하는 직업 목적을 가진 이들은 학술 논문, 보고서, 기사문 등의 학술적이고 전문적이며 공식적인 질 높은 한국어 쓰기를 완성하는 데 도움을 주어야 할 것이다.

---

1) '을/를 위해(서)/위한'은 동사적 구성의 명사 후치 표현에 속하는 것으로 활용이 불완전한 용언이 고정된 조사와 함께 결합한 형태를 중심으로 하는 구성이다(임진숙, 2019). 한국어는 교착어라 어미와 조사가 대부분의 문법 기능을 담당하고 활용이 복잡하기 때문에 어미와 조사에 대한 이해와 활용이 의사소통 능력에 직접적으로 연관된다. 한국어 용언 중에는 활용을 하는데 일정한 제약을 받으면서 특정한 조사를 필수적으로 요구하는 불완전용언들이 있는데 이 형태들이 동사적 구성의 명사 후치 표현에 속한다.

2. 제시 현황

쓰기에 활용도가 높은 '기 위해(서)/위한', '을/를 위해(서)/위한'의 제시 현황을 한국어 교재 분석을 중심으로 살펴볼 것이다.

한국어 통합 교재와 문법 교재의 목표 문법을 살펴본 결과 2~3 급인 초·중급 수준에 제시되어 있다. 구체적인 제시 형태는 '[N을/를 위해(서)], [-을/를 위해서], [V-기 위해(서)], [-기 위해서], [동사 기 위해서], [동작동사 기 위해서], [AV기 위해서]' 등으로 다양하게 나타났으며, 형태적 제시의 통일도 이루어지지 않은 것을 확인할 수 있었다. '-기 위해(서)'는 '형용사'와 결합할 경우에는 '-어/아지다'와 결합하여 동사의 형태로 변화가 필요하다. 그런데 [AV 기 위해서]로 목표 문법을 제시하게 되면 한국어 학습자들은 '형용사'에 '-기 위해(서)'의 형태가 바로 결합할 수 있다고 착각하여 오류를 발생시킬 위험을 안고 있다.

교재의 목표 문법에는 '기 위해(서)'의 형태를 중심으로 제시된 경우가 대부분이었고 '을/를 위해(서)'를 목표 문법으로 제시한 경우는 1권 정도 찾아볼 수 있었다. '기 위해(서)/위한', '을/를 위해(서)/위한'을 함께 목표 문법으로 제시한 교재는 5권 정도에 불과하였고, 이 중에서 하나만을 목표 문법으로 제시한 경우 설명 부분에 그 외의 항목에 대한 제시가 없는 경우도 7권 정도였다.

그리고 '기 위하여'의 형태를 목표 문법으로 제시한 교재는 전혀 없었고 설명하는 부분에 '기 위하여'의 형태를 첨가한 경우는 4권 정도밖에 찾아볼 수 없었다. '위하여'는 원동사 '위하다'에 어미 '어'가 붙어서 만들어진 형태이고, '위해서'는 원동사 '위하다'에 연결어미 '어서'가 붙어서 만들어진 형태이다. 즉, '어'의 형태인 '위하여'와 '위해'는 본말과 준말 관계이고, '어서' 형태인 '위하여서'와 '위해서'가 본말과 준말 관계이다. '어' 형태인 '위하여'와 '위해'는 현재 사용되고 있으나, '어서'의 형태인 '위하여서'는 거의 사용되지 않고 '위해서'가 사용되고 있다. 그런데 '위하여'는 '위해'와 '위해서'의 형태에 비해 한국어 교재에 제시 비율이 현저하게 낮게 나타난다. 이는 현대어에는 본말보다는 준말이 사용되는 경우가 빈번하기 때문일 것이다. 하지만 전문적이며 공식적인 학업이나 직무를 수행하는 학문 목적 학습자나 직업 목적 학습자들은 보고서나 공식적인 문서 등에 준말보다는 본말을 사용하는 일이 빈번하다. 한국어 교육 문법·표현 내용 개발 연구(3단계)(양명희 외, 2014)와 『외국인을 위한 한국어 문법 2』에서도 공식적인 말이나 글에는 주로 '기 위하여'로 쓴다고 하였다. 이들이 일정 기간의 한국어 학습을 마치고 전공 학습이나 직무와 관련된 일을 시작하였을 때 한국어 학습 시와 다른 형태적 표현들이 나타나면 혼란을 겪게 될 수도 있다. 이러한 학습자를 위해서는 '위하여'의 형태의 제시도 필요할 것으로 본다.

또 한국어 교재에 '기 위해(서)/위한', '을/를 위해(서)/위한'이 목표 문법으로 제시된 경우가 드물었고, 설명 부분에 첨가된 경우는 5권 정도로 이 또한 제시가 부족한 상황이라고 할 수 있다. '위한'은 '위하다'의 관형사형 어미로 모어 화자들의 사용 빈도가 높고 한국어 교재 초급에서 필수적으로 제시되는 문법 항목이다. 한국어 교육에서 '기 위해(서)'와 '-을/를 위해(서)'가 교재에 목표 문법으로 제시되어 있으므로 '-을/를 위한'과 '기 위한'의 형태가 명시적으로 제시되지 않더라도 학습자들이 이해할 수 있을 것이라고 여긴다. 하지만 한국어 학습자는 모어 화자와 달리 직관이 아닌 문법의 규칙과 체계로 학습을 통해 입력하므로 명시적 제시가 있을 때 학습 효율이 더 향상될 수 있을 것으로 본다.

그리고 '기 위해(서)/위한'과 '-을/를 위해(서)/위한'은 주로 문어적 표현으로 격식성이 수반되어 공적인 상황에서 사용한다. 홍혜란(2016)은 '사용역에 따른 목적의 복합 연결 구성의 분포' 조사에서 '기 위해서'의 사용역은 '신문(1,317, 45.1%) 〉 학술적 산문(815, 27.9%) 〉 허구적 산문(766, 26.2%) 〉 구어(24, 0.8%)'로 나타났다고 하면서, 격식성을 갖춘 문어적인 표현임이 분명하게 드러났다고 밝혔다. 그런데 한국어 교재에 '기 위해(서)/위한', '을/를 위해(서)/위한'이 의미적으로 문어적이고 격식적이며, 공식적인 특성을 지니고 있음을 명시적으로 제시한 교재는 3권에 불과하다. 앞서 밝힌 바와 같이 한국어 목적 표현은 학습해야 할 문법 항목이 많고 형태나 의미, 통사나 화용으로 유사한 기능을 가지거나 차이점을 가지는 항목이 많아 명확하게 학습 내용을 전달하지 않으면 학습에 혼란을 겪을 수도 있다

3. 의미와 용법 분석

'기 위해(서)/위한', '을/를 위해(서)/위한'의 의미와 용법을 분석하기 위해서 한국어능력시험Ⅱ의 기출문제를 활용할 것이다. 이현정·최영롱(2013)은 '한국어교육용 연결어미 선정'을 위해 객관적

자료(빈도, 교재 중복도)와 말뭉치와 교재에서 자료를 수집하여 빈도 조사와 전문가 평정을 거친 TOPIK과 절충하면 전문가의 주관적 판단을 수용하고 객관적 기준에만 의거한 항목 선정의 한계를 일정 부분 상쇄할 수 있을 것이라고 하였다.

'을/를 위해(서)/위한'과 '기 위해(서)/위한'은 격식을 갖춘 문어적 표현으로 한국어능력시험에서 격식적이고 문어적 표현이 쓰인 읽기 텍스트와 긴 글쓰기 유형의 모범 답안을 분석한다. 분석 자료는 한국어 능력 시험 읽기 텍스트는 신유형의 35~60회, 쓰기 모범 답안은 11~60회 중·고급이다.

먼저 새로운 유형의 한국어 능력 시험 Ⅱ의 읽기 텍스트에서 한국어 목적 표현이 노출된 문장을 추출하여 활용 빈도를 조사한 결과 '을/를 위해(서)/위한, 기 위해(서)/위한[91] 〉 도록[18] 〉 고자[9] 〉 게[8] 〉 (으)려고[5] 〉 (으)러[0] 〉 게끔[0] 〉 (으)ㄹ 겸[0]=(으)ㄹ 양[0]'으로 나타났다. 그리고 '을/를 위해(서)/위한'과 '기 위해(서)/위한'의 형태적 분류를 통한 출현 횟수를 조사한 결과 '기 위해(서)[43] 〉 을/를 위해(서)[30] 〉 기 위한[13] 〉 을/를 위한[5]'로 나타났다. 쓰기 모범 답안에서는 '을/를 위해서/위한, 기 위해서/위한[47] 〉 게[18] 〉 도록[10] 〉 (으)려고[10] 〉 고자[6] 〉 (으)러[0] 〉 게끔[0] 〉 (으)ㄹ 겸 [0]=(으)ㄹ 양[0]'의 순으로 나타났고, '을/를 위해(서)/위한'과 '기 위해(서)/위한'의 형태적 분류를 통한 출현 횟수를 조사한 결과 '기 위해(서)[33] 〉 을/를 위해(서)[9] 〉 기 위한[3] 〉 을/를 위한[2]'로 나타났다. 이를 통해 한국어능력시험 읽기 텍스트와 쓰기 모범 답안에서 '을/를 위해(서)/위한, 기 위해(서)/위한'은 사용 빈도가 모두 높은 것을 알 수 있다. 그리고 읽기 텍스트에서는 '도록'의 쓰임이 많은 반면 쓰기 모범 답안에서는 '게'의 쓰임이 많은 것을 알 수 있다.

노광위(2018)에서는 목적 범주의 의미를 '지향성', '목적 – 행위' 또는 '행위 – 목적'의 의미관계, '비현실'로 구분하여 제시한 바 있다. 그는 '지향성'의 유무는 한 문장이 목적 범주에 포함될 수 있느냐 없느냐를 결정하는 인자이며 목적 범주를 수립하는 데 제일 근본적인 의미 특징이 된다고 하였다. '지향'의 사전적 의미는 '어떤 목표를 향하는 의지'로 이해할 수 있다.

먼저 한국어능력시험 텍스트에 나타난 '지향'의 예를 살펴보면 다음과 같다.

1) 가. 나는 서울 생활의 꿈을 이루기 위해 장학금을 포기했다. (한국어능력시험 36회 읽기)

   나. 그러나 하루살이 애벌레는 성충이 되기 위해 약 1년을 물속에 살고 성충이 되어서는 1~2주 정도 산다. (한국어능력시험 60회 읽기)

2) 가. 나는 수업을 위해서 많은 시간을 투자하고 항상 학생에게 관심의 눈길을 놓지 않으려고 노력합니다. (한국어능력시험 19회 중급 쓰기)

   나. 행복해지기 위해서는 우리 자신이 스스로 행복하다고 느낄 수 있는 환경에서 생활하는 것이 중요하므로 그런 상황을 자주 만들려고 노력하는 자세가 필요하다. (한국어능력시험 II 35회 쓰기)

예문 1)가의 '나'가 지향하는 것은 '서울 생활'로 이것을 이루고자 장학금을 포기하는 행동까지 하게 된 것이다. 즉, 후행부의 행동을 하며 선행부의 '서울 생활'의 지향성이 명확하게 드러난다. 1)나는 하루살이 애벌레가 '성충'을 지향하며 물속에서 1년 동안 산다는 의미이다. 2)가의 '나'가 많은 시간을 투자하고 항상 학생에게 관심의 눈길을 놓지 않으려고 노력한 목적은 수업을 잘 하기 위함이다. '나'가 지향하고 있는 것은 '수업'임이 명확하게 드러난다. 2)나는 '행복'을 지향하는 문장으로 '행복'이라는 목적을 이루기 위해 행복하다고 느낄 수 있는 상황을 만들고자 노력하는 자세의 필요성이 두드러진 문장이다.

다음에 살펴볼 부분은 '목적-행위' 또는 '행위-목적'의 의미관계이다. 사람이 어떤 목적을 이루려면 반드시 이와 관련된 행위가 이어져야 한다. 즉, 목적 실현은 이와 관련된 행위의 진행을 수단이나 방법, 전제로 해야 가능하다. 그리고 일의 실현을 위한 행위는 일정한 목적을 가지고 생각과 선택, 결심을 거쳐 의식적으로 행하는 인간의 목적 지향적이고 의지적인 행동이다. 요컨대 목적은 행위 주체가 행위를 진행하기 전에 예상한 '행위의 결과'이며, 목적의 실현은 행위 주체의 지향과 의도에 따른 '행위의 결과'이다.

3) 가. 한국어 실력을 늘리기 위해서 한국 신문과 방송을 자주 봤다. (한국어능력시험 41회 읽기)

　　나. 동물들은 의약품이나 식품을 개발하거나 신제품의 안전성을 평가하기 위한 실험에 투입되어 왔다. (한국어능력시험 12회 고급 쓰기)

4) 가. 초소형 카메라가 악용되는 것을 막기 위한 대책이 마련되어야 한다. (한국어능력시험 60회 읽기)

나. 내 주장을 전달하기 위해서는 상대방의 생각을 잘 읽어야 상대방의 부족한 논리를 알 수 있다. (한국어능력시험 29회 고급 쓰기)

3)가~나는 선행문의 목적을 달성하기 위해 후행부에서 구체적인 행위를 한 것이다. 3)가는 '한국어 실력'을 향상시키기 위해 한국 신문과 방송을 자주 시청하는 행위를 하였고, 3)나는 약품의 안전성을 평가하기 위한 수단으로 '동물'이 실험의 대상이 되어 실험이라는 행위의 수단이 된 것이다. 즉 목적 지향적이고 의지적인 행동을 한 것이다. 반면에 4)가~나는 선행문의 목적을 이루기 위해 후행부에서 추상적인 행위를 한다. 4)가는 초소형 카메라의 악용을 막을 목적으로 '대책을 마련한다'는 추상적 행위를 이어간다. 4)나는 자신의 주장을 전달하기 위한 목적을 달성하기 위해 상대방의 생각을 잘 이해하는 추상적인 행동을 해야 한다.

다음은 '비현실'의 의미 범주를 살펴보고자 한다. 노광위(2018)에서는 목적은 행위 주체가 예상한 '행위의 결과'로서 비현실 세계에만 존재할 수가 있고, 현실 세계에는 존재할 수가 없다. 목적은 비현실적인 특성을 가지고 있으므로 목적이 실현된 후 목적이 더 이상 목적이 아니고 행위 주체의 행위로 인한 결과가 된다고 하였다. 즉, 선행절은 이루어지지 않은 목적이므로 비현실이며 선행절의 목적을 달성하기 위해 후행절에서 행위로 이어가는 것이다.

5) 가. 이 수표는 수표의 디자인을 개선하기 위해 만들어졌다. (한국 어능력시험 36회 읽기)

나. 부드러운 이미지 연출을 위한 비즈니스 전략을 세워라. (한국 어능력시험 35회 읽기)

다. 어떤 일을 다른 사람들과 함께 계획하고 추진하기 위해서는 그 사람들과의 원활한 인간관계가 필요하다. (한국어능력시험 II 52회 쓰기)

라. 우리 사회의 모든 지도자가 항상 겸손한 자세로 더 나은 지도 자가 되기 위해 노력해 가기를 기대해 본다. (한국어능력시험 13회 고급 쓰기)

5)가~라의 선행부는 아직 이루어지지 않은 비현실이며 후행부는 선행부의 목적을 달성하기 위한 수단과 방법 등을 나타낸 것이다. 즉 선행부에 나타난 '수표 디자인 개선', '부드러운 이미지 연출', '다른 사람과 일을 추진하는 것', '나은 지도자가 되는 것'은 아직 실현되지 않은 것이다. 선행부의 비현실적인 특성으로 과거 시상 어미 '-았/었/였-'의 연결이 불가능한 것이다. 예를 들어 5)가 '이 수표는 수표의 디자인을 개선했기 위해 만들어졌다'로 문장이 완 성되면 비문이 된다.

다음에는 '을/를 위해(서)', '을/를 위한'의 선행부에 오는 명사형 용법을 살펴보고자 한다. '위하다'가 복합형태로 사용될 때는 '이 롭게 하거나 돕다', '어떤 목적을 이루려고 하다'의 두 가지 의미로 사용될 경우이다. 선행부의 명사가 유정명사이면 '이롭게 하거나 돕다'의 의미로 사용된다.

6) 가. 최근 이런 사람들을 위해 짧은 시간 동안 부담 없이 즐길 수
있는 새로운 문화콘텐츠들이 등장하고 있다. (한국어능력시험
35회 읽기)

나. 통신 의료 분야에서 개발된 기술이 우주인들을 위해 사용되었
다. (한국어능력시험 36회 읽기)

6)가~나는 선행부에 '이런 사람들', '우주인' 등의 '유정명사'가 제
시되었다. 6)가는 '이런 사람들'이 '새로운 문화 콘텐츠가 등장하
는 행위의 수익자'가 된다. 후행절의 '새로운 문화 콘텐츠의 등장'
은 선행절의 '이런 사람들을 이롭게 할 목적'인 것이다. 6)나의 '우
주인'은 '통신 의료 분야에서 개발된 기술이 사용되는 대상' 또는
'개발된 기술의 수익자'가 된다. 즉, '기술'은 '우주인이 돕거나 이
롭게 할 목적'으로 사용되는 것이다.

다음은 '을/를 위해(서)', '을/를 위한'의 선행부에 형용사성 명사
가 오는 문장을 살펴보고자 한다.[2] '안전', '행복', '검사', '판단' 등
의 명사에 접사 '-하다'가 결합한 형태는 그 의미와 기능에 따라
상태성(안전, 행복)에 '-하다'가 결합하면 형용사가 되고 동작성(검
사, 판단)에 '-하다'가 붙으면 동사로 나뉜다. 학습자들은 '하다'라
는 동사의 의미 때문에 '하다'와 결합한 형태는 무조건 동사라고
판단해 버리는 경우가 생겨 어휘 학습에 혼란을 겪는다(이효정,
2014). 이다해(2012)에서도 언급한 바와 같이 초급 과정에서는 '-하

---

2) '명사성 형용사' 또는 '형용사성 명사'의 구체적인 논의에 대해서는 목정수(2009,
2013, 2015) 참조하였다.

다'가 결합한 동사가 형용사보다 두 배 이상 많고, 한자어 동사는 주로 '한자어+ 하다' 형태로 구성되기 때문에 한자권 학습자의 경우에 이러한 용언 묶음을 모두 동사라고 인식하기 쉽다고 하였다. 또한 '-하다'가 결합한 형용사는 의지 형용사에서 언급한 바와 같이 명령형이나 청유형으로 사용될 수 있고, 동사와 유사한 의미를 나타내는 등 의미의 혼동도 가져오게 된다고 하였다. 목정수(2009)에서는 '안전, 행복' 등과 같은 상태성의 어휘를 '형용사성 명사'라고 칭하였다. 한국어 학습자들은 '을/를 위해(서)/위한'과 '기 위해(서)/위한'을 활용함에 있어서 '형용사성 명사'의 활용에 어려움을 겪기도 한다.

7) 가. 주민들은 안전을 위해 애쓰는 마을 노인들 덕에 기분이 좋다.
    (한국어능력시험 41회 읽기)
   나. 정확한 검사를 위해 음주를 피하십시오. (한국어능력시험 60회 읽기)

7)가는 후행부에서 '마을 노인들이 애쓰는' 행동을 하는 것은 선행부의 '주민들의 안전'을 목적으로 한다. 즉, '주민들의 안전을 지키기 위해서 마을 노인들이 애를 쓰고 있다'라는 의미이다. '안전'은 형용사성 명사로 '주민들은 안전하기 위해서 애쓰는 마을 노인들 덕에 기분이 좋다'로 문장을 완성할 경우 비문은 아니나 자연스럽지 못한 문장이 된다.

반면에 7)나는 선행부에 '검사'의 목적을 이루기 위해 '음주를 피하라'는 의미이다. 이 문장은 동사성 명사인 '검사'를 동사 '검사하다'에 '기 위해(서)'로 바꾸어 '정확한 검사를 하기 위해 음주를 피하십시오'로 완성해도 같은 의미가 된다. 이처럼 한국어에 직관이 없는 학습자들이 '을/를 위해서'와 '기 위해(서)'의 형태를 복합 형태인 패턴의 형태로만 학습하게 되면 '안전'이라는 형용사성 명사를 '안전하다'라는 형용사로 바꾸어 '안전하기 위해(서)'의 형태로 제시하기도 한다. '기 위해(서)'가 '동사'와 결합하는 형태라는 것을 교수하더라도 '안전하다'가 동사인지 형용사인지 정확하게 판단하는 것이 쉽지 않기 때문이다.

다음은 '을/를 위해(서)'와 '기 위해(서)'에 조사가 결합한 형태에 대해 살펴볼 것이다. 읽기 텍스트에서 '을/를 위해(서), 기 위해(서)'의 형태에서 조사가 결합된 형태는 '기 위해서는[5], 을/를 위해서는[1]'의 형태가 출현하였고 쓰기 텍스트에서는 '기 위해서는[6]', '기 위해서라면[1], 기 위해서라도[1]'의 형태가 나타났다. 한국어능력시험에 나타난 예는 다음과 같다.

8) 가. 고통받는 인간의 병을 치료하기 위해서라면 동물들의 희생은 어느 정도 감수해야 한다고 생각한다. (한국어능력시험 12회 고급 쓰기)

나. 그러한 의무를 다하기 위해서라도 자연 파괴의 위험성이 있는 개발을 무리하게 추진해서는 안 될 것이다. (한국어능력시험 34회 고급 쓰기)

다. 허리 건강을 위해서는 가방을 메지 않는 것이 좋다. (한국어능력시험 35회 읽기)

8)가~다처럼 '을/를 위해(서)'와 '기 위해(서)'는 일부 조사와 결합이 가능한데 한국어 학습자들에게 교수하지 않으면 학습자들이 활용에서 어려움을 겪을 수 있으므로 명시적 전달이 필요하다.

4. 한국어 학습자의 쓰기 결과물 분석

'을/를 위해(서)/위한'과 '기 위해(서)/위한'의 오류 분석은 한국어 학습자들의 실제적인 쓰기 결과물과 학습자 말뭉치 자료를 활용한다. 학습자 쓰기 분석 자료는 2019년 3~4월에 걸쳐 4주간 부산의 B대학교의 학부에 재학 중인 학부 유학생 70명을 대상으로 수집한 것이다. 쓰기 결과물은 모두 205개가 수거되었으며 총 3576개의 문장을 산출하였다.3)

먼저 학습자 쓰기 자료에서 한국어 목적 표현의 노출 빈도를 조사한 결과 '을/를 위해(서)/위한, 기 위해(서)/위한[179] 〉 도록[46] 〉 (으)려고[21] 〉 게[19] 〉 (으)러[17] 〉 고자[5] 〉 게끔[1] 〉 (으)라고[0] = (으)ㄹ겸[0] = (으)ㄹ양으로[0]'으로 나타났다. 말뭉치에서는 '을/를 위해(서)/위한, 기 위해(서)/위한[6789] 〉 도록[1335] 〉 고자[483] 〉 (으)러[306] 〉 (으)려고[176] 〉 게[120] 〉 게끔[45] 〉 (으)라고[25] 〉 (으)ㄹ겸[227] = (으)ㄹ 양으로[0]'으로 나타났다. 두 자료에서 동일하게 '을/를 위해(서)/위한, 기 위해(서)/위한'의 빈도가 현저히 높은 것을

---

3) 쓰기 주제는 '독거노인의 문제점과 해결 방안', '게임 중독의 문제점과 해결 방안', '출산율 저하의 원인과 결과'이며 학습자들에게 '900~1000'자의 결과물이다.

알 수 있다.

다음은 학습자 쓰기 자료에서 '을/를 위해(서)/위한'과 '기 위해(서)/위한'을 형태적으로 분류하여 노출 빈도와 오류 문장을 정리한 것이다.

〈표 1〉 '을/를 위해(서)/위한'과 '기 위해(서)/위한'의 오류 문장

	을/를 위해(서)	을/를 위한	기 위해(서)	기 위한	합계
문장수	41(23%)	22(12%)	104(58%)	12(7%)	179(100%)
오류 문장수	12(18%)	8(12%)	44(66%)	3(4%)	67(100%)

위의 〈표 1〉과 같이 학습자들은 쓰기에서 '기 위해(서)(58%)'의 형태를 가장 많이 활용하는 것으로 나타났으며 오류율도 가장 높게 조사되었다. 다음으로 '을/를 위해(서)(23%)', 그리고 '을/를 위한(12%)', '기 위한(7%)'의 순으로 나타났다. 오류율의 순서도 동일하게 나타났다.

'을/를 위해(서)/위한'과 '기 위해(서)/위한'에서 활용되는 동사 '위하다'는 활용을 하는데 일정한 제약을 받는 불완전동사이다. '위하다'는 '물건이나 사람을 소중하게 여기다'의 의미를 가질 때는 어미 활용의 제약 없다. 하지만 '이롭게 하거나 돕다', '어떤 목적을 이루려고 하다'의 의미를 가질 때는 고정된 조사 '을/를'이나 선행절을 명사형 전성어미화한 '기'에 '위하다'의 활용형 '어/아서'나 관형사형으로 제한적으로 사용한다. 이러한 조사와 어미의 활용은 한국어에 대한 직관을 가진 모국 학습자에게는 자연스러운 습득이 가능하지만 한국어를 규칙으로 학습하는 한국어 학습자들

에게 어려움으로 다가올 수 있다. 임진숙(2018, 2019)에서는 조사와 불완전용언활용형 결합형인 '에 대해(서)', '에 대한', '(으)로 인하여', '(으)로 말미암아'의 복합형태를 형태적으로 분리하여 의미적, 용법적 특성을 명시적 교육이 필요하다고 하였다.

그 구체적인 예를 살펴보면 다음과 같다.[4]

9) 가. 우리 문화를 지키기 *위하고 교류하기 위해서 표준 문자를 사용하는 것은 도움이 되는 것 같는다. 〈중국어 4급〉

　나. 지금보다 활발환 창애인의 사회참여를 *위하면 첫 번째 창애인 시설 많이 만들어야 한다. 〈중국어 4급〉

10) 가. 요즘 여성들을 매우 중시하고 여성*위한 산업들도 많이 있다. 〈중국어 6급〉

　나. 그래서 아이들의 교육*이 위해서 기부를 했으면 좋겠다. 〈독일어, 5급〉

　다. 그래서 건강*이 위한 제일 좋은 방법을 운동이다. 〈러시아어, 3급〉

　라. 그럼 돈을 벌기*를 위해서 학생들이 아르바이트를 시작해야 한다. 〈독일어, 3급〉

위의 예문 9)가~나는 '위하다'는 '아/어서'와 관형사형의 형태만

---

4) 오류 자료의 제시에서 본 연구자가 실험한 학습자 쓰기 결과물의 오류 예문에는 국적이나 급의 표기가 되어 있지 않고, 말뭉치 자료의 오류 예문에는 국적과 급이 표기되어 있다.

활용을 한다는 제약이 있음을 인지하지 못하고 자유롭게 어미 활용을 하여 오류를 일으켰다. '위하다'의 의미에 따른 조사 선택이나 어미 활용의 제약에 대한 학습이 이루어지지 않아 발생한 오류로 이해할 수 있다.

10)가~라는 '위하다'가 불완전동사로 사용될 때 고정된 조사 '을/를'이 반드시 붙어야 한다는 것을 인지하지 못해 오류가 발생한 것으로 이해할 수 있다. 10)가는 고정된 조사가 생략된 오류이고 10)나~다는 고정 조사 '을/를'이 아닌 '이'가 잘 못 붙어 생긴 오류이다. 10)라는 선행부에 명사만 제시될 수 있으나 선행절을 명사형 전성어미화한 '기'와 조사 '를'이 중복적으로 사용되어 오류가 발생되었다. 이처럼 복합형태는 유창하고 정확한 의사소통에 도움을 주기 위한 방편이지만 그에 대한 정확한 규칙 정보나 형태적 정보가 명시적으로 교수되지 않을 경우 오류의 발생이 많아 오히려 의사소통 능력을 저하시키는 원인이 될 위험이 있다.

앞서 밝힌 바와 같이 '을/를 위해(서), 을/를 위한'은 선행부에는 명확한 목적이 드러나는 표현이 지향성이 있어야 하며 후행부에 그 목적을 이루기 위한 행위나 수단의 표현이 뒤따라야 선행부와 후행부의 공기 관계가 성립한다. 학습자들은 선행부와 후행부의 공기 관계를 완성하지 못해서 오류를 일으키는 경우가 있다. 그 예는 다음과 같다.

11) 가. *교육 기간에 투자를 하고 졸업한 취업을 위한 각종 항목을 쌓은 비용이 추가되고 결혼 적령기가 되면 결혼한 자녀의 주택 비용을 부담해야 한다.

나. *시민들의 안전을 위해 CCTV 및 경찰서가 곳곳에서 발생하게
되었다. 〈노르웨이, 5급〉

다. *나는 꿈을 위한 다음 학기가 대학교에 입학하려고 할 것이다.
〈베트남어, 3급〉

라. *분명히 성별 차이가 있는데 예를 들어 아버지께 어머니만큼
꼼꼼하지 않아서 처음에는 집안일을 잘못했지만 중요한 것은
잘하는 것이 아니고 가족을 위한 자기 아내를 도와주는 것이
다. 〈이탈리아어, 6급〉

위의 예문 11)가는 '자녀의 학업과 취업, 결혼까지 부모의 부담이
크다'는 의미의 문장이다. 여기에서 '취업을 위한 각종 항목'은 '취
업을 하기 위해 사용한 비용의 항목'으로 해석할 수 있다. '취업'이
라는 목적을 이루기 위한 방법으로 '비용을 사용했다'는 의미이다.
학습자는 '을/를 위한'의 정형화된 복합 형태 패턴을 사용하려는
목적으로 무리하게 '취업을 위한 각종 항목'이라는 형태에 갇혀
선행부와 후행부의 연결이 자연스럽지 않은 오류를 발생시켰다.
　11)나는 '시민들의 안전'이라는 선행부의 목적을 이루기 위해 후
행부에 'CCTV를 설치하고 경찰서도 가까운 거리에 배치해야 한
다'를 방법으로 제안하고자 하였다. 그러나 후행부의 문장에서 어
휘의 오류가 발생하였다. 11)다는 선행부의 '꿈'은 후행부의 '대학
교에 입학하다'와 공기해야 한다. 그런데 후행부의 명사 '다음 학
기'와 공기하여 '을 위한'의 형태로 문장이 완성되어 올바르지 않
은 문장이 되었다. 여기서는 '대학교에 입학하려는 행동'은 자신의
목적인 '꿈'을 이루기 위한 것으로 '을/를 위한'이 아닌 '을/를 위해

서'로 연결되어 '꿈을 위해서 다음 학기에 대학교에 입학하려고 한다'로 완성해야 할 것이다. 11)라는 '을/를 위한'으로 문장이 완성되어 선행부의 유정명사 '가족'이 '자기 아내'와 공기하는 것이라고 할 수 있다. 그러나 이 문장은 '가족'이 '아내를 도와주는 것이다'라는 동사와 공기하여 '을/를 위해'로 연결되어야 올바른 문장이 된다.

'기 위해(서)'와 '기 위한'은 선행절을 명사형 전성어미화 한 '-기'에 '위하다'의 활용형 '어/아서'나 관형사형이 결합한 형태가 제한적으로 사용한다. 그리고 선행절 서술어는 모두 동사라는 제한이 붙는다. 그런데 학습자들은 형태적 관련 정보가 부족하여 오류를 발생시키기도 한다. 그 구체적인 예를 살펴보면 다음과 같다.

12) 가. 나한테 여행이 돈보다 더 특별한 문법 행복하게 살기*위한다. 〈포르투칼어 3급〉

나. 그 다음은 연구의 목적인데 우선 여러 가지 구체적인 문헌, 자료들을 비교, 분석해 이민에 대해 알아가고 이성적으로 이민을 하기 *위한다. 〈중국어 6급 이상〉

다. 저는 금년에 대학교를 졸업했는데 한국 대학원에 들어가기 *위하니까 6월부터 한국에 가서 한국어를 공부하고 있어요. 〈중국어 2급〉

라. 그러므로 행복을 찾기 *위하면 다른 사람으로 볼 필요없다. 〈베트남어 4급〉

13) 가. 아이를 낳아*기르게 위해 고통을 겪으면 아이를 낳지 않는다.

나. 앞에 말하는 것과 같이, 노인에게 외로움을 *주지 않게 위해서 자식들도 자기의 부모님에게 관심을 많이 주는 것도 중요하다.

다. 행복한 인생을 *보낼 위해서는 돈이 중요하다고들 한다. 〈일본어 4급〉

라. *고향에 있는 여성들이 대학교에서 안 배우면 나이를 20살 되어서 결혼하기를 위해서 준비한다. 〈인도네시아어 3급〉

12)가~라의 '위하다'는 '이롭게 하거나 돕다', '어떤 목적을 이루려고 하다'의 의미로 쓰일 때 '아/어서'와 관형사형의 형태만 활용을 한다는 제약이 있음을 인지하지 못하고 자유롭게 어미 활용을 하여 오류를 일으켰다. 13)가~라는 '기 위해(서)'와 '기 위한'은 선행부에 명사형 전성어미 '-기'만 올 수 있다는 것을 인지하지 못해서 오류를 일으켰다. 13)가~나는 학습자들이 고정된 형태인 명사형 전성어미 '기'를 '게'로 사용하여 오류를 범하였고, 13)다는 '(으)ㄹ'로 잘 못 사용한 것이다. 13)라는 명사형 전성어미 '기'와 선행절에 '을/를' 조사와 중복적으로 사용하여 오류를 발생시킨 것으로 이해할 수 있다.

'기 위해(서), 기 위한'은 선행부에 명확한 목적이 드러나는 표현과 후행부에 그 목적을 이루기 위한 수단이나 방법의 표현과 공기하여 문장을 완성해야 한다. 그런데 선행부와 후행부가 형태적으로 의미적으로 공기하지 못해서 오류를 일으키는 경우가 발생한다. 그 예는 다음과 같다.

14) 가. *그렇기 위해서 취미 생활 하면 욕심도 줄운 수 있고 스트레스

도 풀 수 있다. 〈타갈로그어 5급〉

나. *그러기 위한 이 한국 사회에 대한 잘 알아야 하고 금전적인
지원도 지원을 할 수 있어야 한다. 〈베트남어 6급〉

다. 당연히, 감시 카메라는 범죄률은 *낮기 위해서 도움이 안 된다
는 사람들이 있기는 하지만 감시 카메라가 안전에는 큰 역학을
하며 비중이 높은 법이다. 〈키르키스어, 5급〉

라. 남자는 여자를 *행복하기 위해서 꽃이나 반지와 목꺼리를 준
다. 〈러시아어 3급〉

15) 가. *휴일을 활용하기 위한 대부분의 사람들이 여러 가지 동호회
을 가입했다. 〈중국어 5급〉

나. *이런 문제를 해결하기 위한 우리들의 인식변화가 필수하다.

다. *그래서 어 스트레스를 풀리기 위해서 여러 방법이 있기는 있
지만 저에게 사실은 음식이나 뭐 과자 같은 거 먹으면 어 좋다
고 생각해요. 〈프랑스어 4급〉

라. *꿈을 이루어지기 위해서 베이징으로 가서 나라의 최고 영화
대학교에 진학하려고 했다. 〈타이어 6급〉

14)가~라는 '기 위해서', '기 위한'의 선행절 서술어는 동사가 제시
되어야 하는데 형용사가 제시되어 오류가 일어난 경우이다. '그렇
다', 낮다'는 형용사로 '기 위해서'와'기 위한'과 그대로 결합하면
올바르지 않은 문장이 된다. 그러므로 뒷문장의 연결로 봤을 때
'그렇다'를 동사형인 '그렇게 되다', '그렇게 하다', '낮추다'로 수정
할 필요가 있다. '익숙하다'는 '-어지다' 형태로 바꾸어 '익숙해지

다'의 형태를 사용하고 '행복하다'는 '여자를 행복하게 해 주다'의 형태로 수정해야 할 것이다.

14)가~나는 '기 위한'의 후행부에 공기하는 형태에 대한 오류로 볼 수 있다. 14)가는 '휴일을 활용할' 목적의 구체적인 방법이 '동호회에 가입하는 것'이라고 이해할 수 있다. 그러면 후행절이 동사와 공기하므로 '기 위해(서)'의 형태를 제시해야 하나 후행절의 '대부분 사람들'의 명사와 공기하여 '기 위한'을 제시해서 오류를 일으켰다. 14)나도 '기 위한'의 형태를 제시한다면 '이런 문제를 해결하기 위한 방법으로 인식 변화가 필수적이다'로 수정할 필요가 있다.

14)다~라'의 선행부는 행위 주체의 지향과 의도에 따른 의도가 와야 하므로 '스트레스가 풀리다', '이루어지다'의 피동형이 아닌 '스트레스를 풀다', '꿈을 이루다'의 형태가 와야 할 것이다.

5. 수업에서의 적용

쓰기의 주제는 '청소년기의 중요성'이며, 64회 한국어능력시험II 쓰기 54번 문항이다. 이 시험의 목적은 한국어를 모국어로 하지 않는 재외동포·외국인의 한국어 학습 방향 제시 및 한국어 보급 확대와 한국어 사용 능력을 측정·평가하여 그 결과를 국내 대학 유학 및 취업 등에 활용하는 것이다.

응시 대상은 한국어를 모국어로 하지 않는 재외동포 및 외국인으로서 한국어 학습자 및 국내 대학 유학 희망자, 국내외 한국 기업체 및 공공기관 취업 희망자, 외국 학교에 재학중이거나 졸업한 재외국민이다. 이 시험은 대학 입학 및 졸업이나 국외 대학의 한국어 관련 학과 학점 및 졸업 요건 그리고 정부초정 외국인 장학생 프로그램 진학 및 학사관리 등에 활용하는 것으로 학문목적의 학습 내용이 포함되어 있다. 그리고 국내·외 기업체 및 공공기관 취업 활용의 직업목적의 내용이 포함되며 영주권·취업 등 체류 비자 취득에 활용으로 일반목적의 내용이 포함되어 있다. 즉, 일반목적, 학문목적, 직업목적 등의 비공식적이고 구어적인 일상과 공식적이고 문어적이며 전문적인 내용이 모두 포함되어 포괄적 형태의 시험이라고 할 수 있다.

특히, 쓰기 54번 문항은 600~700자 논술문 문항으로 5급~6급의 고급 수준이다. 이 정도 수준은 원어민 화자의 수준에는 이르지 못하나 기능 수행이나 의미 표현에는 어려움을 겪지 않을 정도의 높은 언어 수준을 갖추어야 한다. 언어 표현의 활용에서 공식적·비공식적 맥락과 구어적·문어적 맥락에 따라 언어를 적절히 구분해 사용할 수 있는 능력도 갖추어야 할 것이다. 또한, 전문 분야에서의 연구나 업무 수행에 필요한 언어 기능을 어느 정도 수행할 수 있고 정치·경제·사회·문화 전반에 걸쳐 친숙하지 않은 소재에 관해서도 이해하고 사용할 수 있을 정도의 최상급 수준에 도달해야 한다. 이러한 쓰기에서 복합형태 '기 위해(서)/위한', '을/를 위해(서)/위한'은 문어적 격식성을 갖춘 복합형태로 그 활용이 중요하다.

한국어능력시험 II 쓰기 54번은 쓰기의 주제 인식과 함께 제시된 조건에 대한 이해가 필요하다. 필자 스스로 이 글을 써야 하는 이유와 목적을 설정할 수 있도록 쓰기의 주제를 인식하게 하고 주제와 함께 제시된 조건을 이해하게 함으로써 쓰기에 의미를 부여하게 된다.

또한 한국어능력시험은 한국어 사용능력을 측정·평가하여 그 결과를 국내 대학 유학 및 취업 등에 활용하는 자료로 활용되는 것으로 평가 점수가 중요하게 다루어진다. 그러므로 쓰기 문항의 평가 범주에 맞는 쓰기는 점수를 높일 수 있는 방법이 된다. 한국어능력시험 작문 문항 54번의 평가 범주는 다음과 같다.

〈표 2〉 한국어능력시험 작문 문항 54번의 평가 범주

내용 및 과제 수행	주어진 과제를 충실히 수행하였는가? 주제에 관련된 내용으로 구성하였는가? 주어진 내용을 풍부하고 다양하게 표현하였는가?
글의 전개구조	글의 구성이 명확하고 논리적인가? 글의 내용에 따라 단락 구성이 잘 이루어졌는가? 논리 전개에 도움이 되는 담화 표지를 적절하게 사용하여 조직적으로 연결하였는가?
언어 사용	문법과 어휘를 다양하고 풍부하게 사용하며 적절한 문법과 어휘를 선택하여 사용하였는가? 문법, 어휘, 맞춤법 등의 사용이 정확한가? 글의 목적과 기능에 따라 격식에 맞게 글을 썼는가?

쓰기 단계는 쓰기 전-쓰기-쓰기 후로 진행된다. 쓰기 전 단계는 '주제확인하기-모범 답안 확인하기'가 포함되고, 쓰기 단계는 표현하기, 쓰기 후 단계는 확인하기 및 수정하기로 나누어 진행한다. 모범 답안 확인하기에서 '기 위해(서)/위한', '을/를 위해(서)/위한'을 확인하게 된다.

전체적인 수업 절차는 다음과 같다.

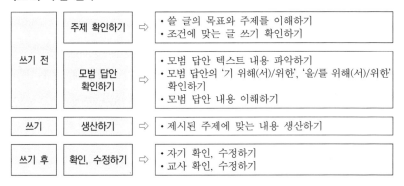

〈표 3〉 수업 절차

쓰기 전	주제 확인하기	⇨	• 쓸 글의 목표와 주제를 이해하기 • 조건에 맞는 글 쓰기 확인하기
	모범 답안 확인하기	⇨	• 모범 답안 텍스트 내용 파악하기 • 모범 답안의 '기 위해(서)/위한', '을/를 위해(서)/위한' 확인하기 • 모범 답안 내용 이해하기
쓰기	생산하기	⇨	• 제시된 주제에 맞는 내용 생산하기
쓰기 후	확인, 수정하기	⇨	• 자기 확인, 수정하기 • 교사 확인, 수정하기

5.1. 쓰기 전 단계

① 주제 확인하기

다음에 제시되는 예는 64회 한국어능력시험II 쓰기 54번이다. 주제는 '청소년기의 중요성'으로 텍스트 장르 중 주장하는 글에 속한다. 주장하는 글은 글쓴이의 의견을 이유 및 근거를 통해 논리적으로 주장하고 독자를 설득하는 데 그 목적이 있다. 이러한 주장하는 글 생산 능력은 특히 학문 목적 한국어 학습자에게 중요하다. 대학 글쓰기는 학술적 글쓰기 범위 안에서 논리력과 비판력이 강조된다.

　대학 수학 과정에 필요한 전공 글쓰기는 논리적인 요소들이 강조되기에 전공 글쓰기 표현과 유사하고 전이가 용이한 장르인 주장하는 글쓰기 교육의 중요성이 강조된다. 그리고 대학에서 통용되는 학술적 글쓰기는 엄정한 논리와 실증성을 바탕으로 독특한 표현 양식과 문체, 정확한 어휘와 문장 사용을 전제로 한다. 즉, 학술적 글쓰기는 일반적인 의사소통 글쓰기와 다른 차원의 사유와 소통 양식이 필요하다. 그리고 한국어 학습자가 학술적 글을 쓰기 위해서는 반드시 전문적인 훈련 과정이 필요하다. 이러한 과정에서 복합형태 '기 위해(서)/위한', '을/를 위해(서)/위한'과 같은 전형적이고 문어적인 표현의 학습과 활용이 중요할 것이다.

다음은 쓰기에서 활용될 복합형태 '기 위해(서)/위한', '을/를 위해(서)/위한'의 학습을 위해 필요한 주제를 제시한 것이다.

54. 다음을 주제로 하여 자신의 생각을 600~700자로 글을 쓰시오. 단, 문제를 그대로 옮겨 쓰지 마시오. (50점)

사람은 누구나 청소년기를 거쳐 어른이 된다. 아동에서 어른으로 넘어가는 이 시기에 많은 청소년들은 혼란과 방황을 겪으며 성장한다. 아래의 내용을 중심으로 '청소년기의 중요성'에 대한 자신의 생각을 쓰라.

- 청소년기가 중요한 이유는 무엇인가?
- 청소년들은 이 시기에 주로 어떤 특징을 보이는가?
- 청소년의 올바른 성장을 돕기 위해 어떤 노력이 필요한가?

출처: 교육부 국립국제교육원 기출문제

② 모범 답안 확인하기

먼저 사람은 어른이 되기 전 누구나 청소년기를 거치며 그 시기에 많은 혼란과 방황을 하게 된다는 지문의 내용을 학습자들에게 인지하게 한다. 그리고 그 과정을 통해 성인으로 성장해 간다는 점을 강조한다. 그리고 아래 조건 세 가지에 맞춰 쓰기를 진행해야 함을 강조하면서 청소년기가 중요한 이유, 그 시기에 보이는 특징 그리고 청소년의 성장을 돕는데 어떤 노력이 필요한 지에 대한 이야기를 나눈다. 그리고 아래 제시된 문제를 함께 해석하며 그 의미를 파악하면서 자신의 쓰기에 문제를 그대로 베껴 써서는 안 된다는 점을 강조하고 확인하게 한다.

〈64회 한국어능력시험II 쓰기 54번 모범 답안 예시〉

청소년기는 자아 정체성을 찾아가는 과도기라는 점에서 사람의 생애 중 중요한 시기이다. 청소년기에 형성된 자아 정체성은 진로나 인간관계뿐 아니라 삶의 전 영역에 지속적인 영향을 미친다. 또한 이 시기는 청소년이 올바른 사회 구성원이 되기 위해 준비하는 시기이기도 하다.

그러나 청소년은 아직 자아가 형성되지 않았기 때문에 심리적으로 불안정해지기 쉽다. 특히, 가치관의 혼란, 타인의 평가, 또래 집단 내의 압박감 등은 청소년들이 불안정함을 느끼게 되는 주된 요인이다. 또한, 청소년은 기존의 제도에 저항하거나 자신을 억압하는 어른에 대해 강한 반항심을 보이기도 한다. 뿐만 아니라 청소년은 아직 옳고 그름의 기준이 정립되지 않았기 때문에 주변 환경의 영향을 받기 쉽다. 이러한 특성으로 인하여 어떤 청소년은 일탈이나 돌발적인 행동을 하며 극단적인 경우 자신과 사회에 해를 끼치는 행동을 하기도 한다.

청소년이 건강하게 청소년기를 보내고 미래의 인재로 성장하도록 돕기 위해서는 가정과 사회의 다각적인 노력이 필요하다. 가정에서는 청소년의 특성을 성장을 위한 하나의 과정으로 이해하고 청소년이 건강한 자아 정체성을 형성할 수 있도록 정서적으로 지원할 필요가 있다. 사회에서는 청소년 심리 상담 센터나 방황하는 청소년을 위한 위탁시설을 운영하는 등의 제도적 지원을 통해 청소년의 올바른 성장을 도울 수 있을 것이다.

위의 모범 답안에서 청소년기가 중요한 이유는 올바른 사회 구성원으로 도약하는 것을 목표로 준비하는 시기임을 강조하며 목적 표현 '-기 위해'를 사용하고 있다. 그렇다면 청소년기의 올바른 성장을 도우려면 가정과 사회에서 다양한 방면에서 도움을 필요하다는 것을 강조하기 위해 '-기 위해서는'을 활용하였다. 또한, 청소년이 올바른 미래 인재로 성장하기 위해 가정에서는 자아 정체성 형성을 위한 정서적 지원을 하고 사회에서는 청소년 심리 상담센터나 위탁시설 등의 제도적 지원이 필요함을 강조하기 위해 '-을 위한'의 목적 표현을 사용하였다.

5.2. 쓰기/쓰기 후 단계

쓰기 단계에서는 쓰기 전 단계에서 확인한 모범 답안의 '기 위해(서)/위한', '을/를 위해(서)/위한'을 활용하여 주제에 맞는 내용을 구성한다. 쓰기 후 단계에서는 자신이 쓴 글을 수정하고 확인한 후 교사도 확인하는 단계를 거친다.

6. 적용상의 유의점

목적 표현에서 복합형태 '을/를 위해(서)/위한'과 '기 위해(서)/위한'은 전문적이고 공적인 글쓰기에 활용이 많은 표현으로 그 활용이 중요하다. 이에 쓰기 모범 답안에 제시된 복합형태의 사례 등을 확인하며 한국어 학습자들이 쓰기의 사용으로 확장하는 데 초점을 둔다. 하지만 복합형태 '을/를 위해(서)/위한'과 '기 위해(서)/위한'의 활용 쓰기는 다음과 같은 점에 유의하여 적용하여야 한다.

첫째, 수업 시간의 제한으로 모범 답안 확인의 양이 부족하여 제시된 복합 형태 '을/를 위해(서)/위한'과 '기 위해(서)/위한'의 유형이 부족할 수 있다. 이에 제한적 제시에 대한 충분한 설명과 연습을 병행해야 한다.

둘째, 한국어능력시험에 나타난 표현 학습으로 제한되어 폭넓은 주제 노출의 기회가 적어 학습자들의 사용 시야가 좁아질 수 있다는 위험이 있다. 교수자들은 다양한 사례의 실제를 제시하여 학습자들이 사용으로 확장하는 데 무리가 없도록 해야 할 것이다.

제4장 한국어 쓰기 교육에서 문어체 연결어미 '(으)나, (으)며'의 활용

1. 필요성

유학이나 취업 등의 목적으로 해마다 한국어능력시험(Topik)에 응시하는 학습자들은 증가하고 있는데 시험 영역에서 듣기나 읽기에 비해 쓰기를 가장 어려워하여 쓰기 점수가 가장 낮게 나타나는 학생들이 많은 경향이 있다(이은희, 2011; 이명화, 2017). 이는 한국어 학습자들은 음성 언어를 활용하는 언어 영역에 비해 문자 언어를 활용하는 언어 영역 즉 쓰기에 더 큰 어려움을 겪고 있다는 의미로 해석이 가능할 것이다.

한국어 학습자 중에서 전공 과정을 학습하는 학문 목적이나 다양한 직무를 수행하는 직업 목적을 가진 이들은 학술 논문, 보고서, 기사문 등의 학술적이고 전문적이며 공식적인 문어체를 활용한 질 높은 한국어 쓰기를 요구받는다. 한국어능력시험의 등급별 평가 기준의 5급에 '공식적·비공식적 맥락과 구어적·문어적 맥락에 따라 언어를 적절히 구분해 사용할 수 있다'로 제시되어 있다. 이는 고급의 학습자라면 '구어와 문어'를 구별할 수 있는 능력을 갖추어야 한다는 의미로 해석할 수 있다.

성인 한국어 학습자들은 모국어를 통한 인지적 사고 능력을 갖추어 자신의 기존 지식과 경험을 바탕으로 의미를 생성하는 데 그다지 어려움이 없으나 상황에 맞는 언어 지식에 대한 이해의 부족으로 완성도 높은 텍스트를 생산하지 못하여 담화공동체의 구성원 안에 포함되기가 힘든 경우가 발생하기도 한다. 이삼형 외(2015)는 언어적 표현은 모어를 사용하는 학습자가 듣고 말하고 읽고 쓰는데 직접적으로 도움을 줄 수 있는 의사소통능력으로서의 역할을 담당해야 하지만 문법이 이론적 지식으로만 실재하여 실용 문법의 역할을 제대로 하지 못하기 때문에 성인 모국어 글쓴이들이 작문(쓰기)을 할 때도 문법으로 많은 어려움을 겪고 있다고 하였다. 즉 쓰기에서 언어적 표현의 활용은 모어 사용자에게도 부담이 되므로 외국인 학습자에게는 더 큰 부담이 될 수 있을 것이다.

다양한 언어적 지식 중에서도 구어체와 문어체의 개념이나 표현 특성이 정확하게 학습되지 않아 문어 텍스트에 구어체를 사용하거나 구어체와 문어체의 구분을 명확하게 하지 않은 채 혼용하여 사용하는 경우가 많다. 특히, 전문적인 학업이나 업무를 수행해야 하는 학문 목적, 직업 목적의 학습자가 논문이나 보고서 등을 작성할 때 문어체가 정확하게 사용되지 않으면 상황 맥락에 맞지 않아 전문성이 떨어지거나 독자가 어색하게 느낄 뿐만 아니라 전달하고자 하는 내용을 효과적으로 전달하지 못하는 상황이 발생하게 된다.

그러므로 한국어 쓰기 교육을 위해서는 문어체 연결어미의 교수가 필요하다. 연결어미의 역할은 문장과 문장을 연결시켜 통사적으로 결합된 문장의 의미 관계를 제시하고, 글이나 말에 응집성과 통일성을 부여한다. 그래서 수준에 맞는 단계적인 연결어미의 활용은 한국어 학습자들의 완성도 높은 글쓰기를 가능하게 할 수 있다.

한국어 능력시험Ⅱ의 쓰기 영역 작문 문항 평가 범주에서 53번~54번 문항의 평가 범주 중 언어 사용의 평가 내용에 '문법과 어휘를 다양하고 풍부하게 사용하며 적절한 문법과 어휘를 선택하여 사용하였는가?'라는 부분이 있다. 여기에서 확인할 수 있듯이 문법의 다양한 사용은 쓰기 결과물의 질을 높이는 하나의 방안이 될 수 있다. 하지만 연결어미는 항목의 수가 방대하고 의미, 통사, 화용적 차이나 유사로 학습에 부담이 되는 경우가 많다. 이러한 연결어미의 제시에서 문어체 문법의 의미적 기재는 한국어 교재 등에 명시적으로 전달되지 않는 경우도 빈번하게 발생하고 있다. 한국어에 직관이 있는 모어 화자는 이러한 명시적 제시 없이도 자연스럽게 사용까지 연계할 수 있으나 언어의 규칙과 체계로 학습하는 한국어 학습자들은 격식체로 공식적 상황에서 쓰는 문어체임이 명확하게 드러나지 않으면 쓰기에서 활용하기가 쉽지 않다.

문어체 연결어미 중에서도 '(으)나'는 '지만', '(으)ㄴ/는데'와 '(으)며'는 '고', '(으)면서'와 의미적으로는 '나열'과 '동시', '대립·

대조'로 유사한 문법 항목으로 묶이지만 항목에 따라 위계화, 통사적 제약, 구어체와 문어체 구분 등이 달라 학습자들의 혼란을 유발할 위험이 크다. '(으)며'는 '나열' 의미의 '고'와 '동시' 의미의 '(으)면서'와 '(으)나'는 '대립·대조'의 '지만'과 '(으)ㄴ/는데'와 유사 문법으로 처리된다(양명희, 2017; 이지용, 2017). 쓰기에서의 사용 빈도가 높은 '(으)나, (으)며'가 한국어 교재에 어떻게 제시되어 있는지 현황을 살피고 의미적, 통사적 정보를 확인하여 학습자들의 실제 쓰기에 도움이 될 수 있도록 교수할 필요가 있다.

2. 기존 연구와 한국어 교재의 제시 현황

먼저 기존 연구에서 안주호(2004)는 2002년 조성된 국립국어연구원의 자료에 13만 7천 5백 어절의 구어 자료를 보충하여 실제 쓰이는 어미의 빈도수를 파악하여 120개 연결어미를 제시하였다. 그 중에서 '(으)나'가 26위, '(으)며'가 15위를 차지하였다.

그리고 이현정·최영롱(2013)은 한국어 기초사전과 6종의 한국어 교재, TOPIK에 제시된 연결어미 그리고 문어 말뭉치(21세기 세종계획의 100만 어절 축소 균형 말뭉치)와 구어 말뭉치(21세기 세종계획의 현대 구어 말뭉치 약 80만 어절과 드라마와 영화 대본으로 구성된 준구어 말뭉치 약 20만 어절을 합한 100만 어절)를 분석하여 51개의 한국어 교육용 연결어미를 제시하였다. 여기에서 '(으)나'와 '(으)며'는 17위와 8위를 차지하여 높은 사용 빈도를 보였다.

그리고 이성진(2018)은 한국어 교재 4종과 한국어 사전 2종, 외국인 학습자의 작문과 국어 텍스트에서 높은 출현 빈도를 나타내는 연결어미 32개를 선정하였는데 '(으)나'는 3위, '(으)며'는 5위로 나타나 높은 사용 빈도를 보였다.

또한 한국어능력시험의 쓰기 답안에도 '(으)나'와 '(으)며'의 출현 빈도가 높다. 한국어 교육에서 '(으)며'는 '나열' 의미의 '고'와 '동시' 의미의 '(으)면서'와 유사한 문법으로 처리되고 '(으)나'는 '대립'의 '지만', '(으)ㄴ/는데'의 유사 문법으로 처리된다.

양명희(2013)에서는 '(으)며'를 '고'와 '(으)면서'의 유사 문법으로 지정하였다. 전자는 의미적으로 두 가지 이상의 사실을 대등하게 연결함을 나타내고 글을 쓸 때 주로 사용한다고 제시하였다. 후자는 앞 절과 뒤 절이 동시에 일어남을 나타내고 문어에서 자주 사용한다고 제시하였다. 또 양명희(2014)는 '(으)나'를 '지만'과 '(으)ㄴ/는데'의 유사 문법으로 지정하고 앞 절의 내용과 반대되는 내용을 뒤 절에서 말할 때 사용하며 주로 문어에서 더 많이 쓴다고 하였다. 이를 통해 '(으)며'는 주로 '고'와 '(으)면서'의 문어적 표현으로 사용됨을 확인할 수 있다. 그리고 국제통용한국어표준교육과정 4단계에서는 '(으)나'는 3급, 중급 수준의 '대립'의 의미로, '(으)며'는 4급, 고급의 '나열과 동시'의 의미로 제시되어 있다.

이지용(2016)에서도 의미유사군의 세부유형에서 '(으)며'를 '고'와 '(으)면서'의 유사 문법으로 다루고 등급을 고급으로 명명하여 제시하였고 '(으)나'를 '지만'의 유사문법으로 명명하고 등급을 중급으로 제시한 바 있다. 기존의 연결어미 위계화 연구에서 '(으)며'와 '(으)나'의 제시 현황을 보면, 김수정(2003)은 '(으)며'를 초급, '(으)나'를 중급으로 설정하였고, 임진숙(2008)은 '(으)며', '(으)나'

를 초·중급으로 손경애(2015)는 '(으)며'는 중급, '(으)나'는 고급의 수준으로 제시하였다.

다음으로 한국어 학습자들이 실제적으로 활용하는 한국어 통합 교재 9종과 한국어 문법 교재 2종을 살펴보았다. 그 결과 '(으)며'는 3급과 4급에 6종에 중복되어 실려 있었고, '(으)나'는 4급과 5급에 2종에 모두 실려 있었다. 항목에 대한 설명 부분을 살펴보았을 때 문어체에 대한 언급이 있는 교재는 한국어 문법 교재 2종에 불과했다. 통합 교재에는 문어체로 사용된다는 언급이 전혀 없어 학습자들이 문어와 구어의 구분을 할 수 있는 기회를 주지 않게 되는 것이다.

'(으)며'와 '(으)나'의 등급별 난이도가 일치하지 않는 것을 알 수 있었다. '(으)며'는 초급, 중급, 고급에 모두 제시되어 있었고 '(으)나'는 중급과 고급에 모두 제시되어 있었다. 한국어 연결어미는 그 항목이 많아 학습자들이 부담을 느끼게 되므로 정확한 위계화로 명시적 전달을 할 수 있다는 학습을 용이하게 할 수 있다. 그리고 문어체와 구어체의 의미 구분이 정확하게 제시되지 않아 유사한 의미의 문법 항목을 어떤 상황에서 사용해야 할지에 대한 고민을 안겨주게 된다.

'(으)며'와 '(으)나'가 '고', '(으)면서', '지만', '(으)ㄴ/는데'와 유사한 문법이나 등급이 높고 주로 문어에 사용된다는 것을 명시적으로 전달하여 학습자들에 쓰기나 발표와 같은 공식적인 문어체를 사용해야 하는 영역에서 적극적으로 활용할 수 있도록 유도해야 할 것이다.

3. 한국어능력시험 쓰기 모범 답안의 제시 양상

한국어 학습자들은 학업이나 취업 등의 목적을 달성하기 위해 한국어능력시험에서 높은 점수를 취득하기를 원한다. 특히, Topik Ⅱ의 53번 문항은 '제시된 정보를 분석하는 능력'을 측정하는 것으로 단락 쓰기를 요구한다. 이명화(2017)에서는 학습자들이 53번과 54번 글쓰기를 못하면 80점을 놓치게 되고 한국어능력시험의 고급 등급을 받기가 그만큼 어려워지므로 학생들의 한국어능력시험 등급을 높이려면 토픽 쓰기의 교수·학습이 필요하다고 하였다.

그러므로 한국어능력시험 쓰기 영역의 쓰기 답안을 분석하여 문어체 연결어미 '(으)나', '(으)며'의 쓰임의 양상을 확인할 필요가 있다. 분석 자료는 한국어능력시험 11회에서 34회의 중급과 고급 쓰기와 한국어능력시험Ⅱ 35회, 36회, 41회, 47회, 52회, 60회의 쓰기 영역 53번, 54번의 쓰기 답안으로 총 60개의 텍스트이다. 여기에서 820개의 문장이 추출되었고, 분석 결과 '고'는 159문장으로 가장 쓰임이 많았고, '(으)면서'는 34문장, '(으)며'는 31문장에 나타났다. 그리고 '지만'은 19문장으로 나타났고, 대립·대조의 '(으)ㄴ/는데'는 13문장, '(으)나'는 5문장에 쓰인 것을 확인할 수 있다.

그리고 '(으)나'는 한국어 능력시험 고급 쓰기의 답안에 주로 사용된 것으로 나타났고, '(으)며'는 중급 쓰기에 4번, 고급 쓰기에 19번 사용된 것으로 나타났다. 또 Topik Ⅱ의 단락쓰기의 53번 문항에 4번 사용되었고, 긴 글쓰기의 54번 문항에 3번 사용된 것으로 나타났다. 53번 문항은 중급 수준으로 볼 수 있고, 54번 문항은 중·고급 수준으로 이해할 수 있다. 앞서 교재 분석에서 문어체 연결어미 '(으)며', '(으)나'는 초·중급 수준의 문법 항목으로 한국어 교재에는 2급과 3급에 주로 제시되어 있는 것을 확인한 바 있다. 그런데 한국어능력시험 중급 쓰기 답안에는 '(으)며', '(으)나'의 쓰임이 많지 않았고, 고급이나 긴 글쓰기에서 노출의 빈도가 높은 것을 알 수 있었다. 즉, 문어체 연결어미 '(으)며, (으)나'의 형태나 의미의 이해가 어려운 것은 아니나 학습자들이 고급의 쓰기 상황에서 실제적으로 사용하는 것에 어려움을 느끼는 것으로 이해할 수 있을 것이다.

언어 지식은 언어에 대한 분석과 기술로 기능적으로 동기화된 의사소통을 위한 도구로서의 역할을 하는 것으로 언어 사용자들이 문법을 이루는 원리와 규칙을 습득하여 맥락에 따라 적절하게 사용(use)하는 것이 중요하다(우형식, 2009). 여기에서 문어체 연결어미 '(으)며', '(으)나'를 언어 체계로 이해하여 쓰기에 활용하는 것을 사용으로 볼 수 있다.

한국어능력시험 쓰기 답안에 사용된 '(으)나'의 구체적인 예를 살펴보면 다음과 같다.

1) 가. 신문은 텔레비전이나 인터넷과 같은 매체에 비해 딱딱하고 무거운 매체로 인식될 수도 있으나 오히려 이러한 특징을 살려 진지한 매체로서의 역할을 수행해 나가야 한다. (17회 고급)
   나. 사회적 기회나 자원은 제한되어 있으나 이를 얻고자 하는 구성원들은 지속적으로 증가하고 있기 때문이다. (27회 고급)

위의 예문 1가)는 '신문의 기능'을 주제로 한 쓰기 모범 답안에 나타난 '(으)나'의 문장으로 신문이 다소 딱딱하고 무거운 매체로 인식될 수도 있지만 신문의 특징을 살리면 역으로 진지한 매체가 될 수 있음을 인식시켜야 한다는 의미이다. '인식될 수 있으나'의 대립의 의미를 뒤 문장의 '오히려'라는 부사와 같이 사용하여 반대의 의미를 더욱 부각시켰다.

1나)는 '경쟁의 긍정적인 면과 부정적인 면'이라는 주제로 한 쓰기 모범 답안에 사회적으로 기회나 자원은 제한되어 있지만 이 기회나 자원을 얻으려고 하는 구성원들이 증가하고 있다는 의미로 '제한되어 있지만' 대신 문어체 '(으)나'를 사용하여 격식성을 가진 공적인 문서임을 드러내고자 하였다.

그리고 문어체 연결어미 '(으)며'를 사용한 고급 쓰기의 주제를 살펴보면 다음과 같다.

현대 사회에서 나눔(분배)의 필요성, 신문의 기능, 세계화에 필요한 인재, 자기 계발, 진정한 리더, 성공, 개인 정보 공개와 시청자의 알 권리, 경쟁의 긍정적인 면과 부정적인 면, 선의의 거짓말, 예술 교육의 필요성, 직업선택의 조건, 의사소통의 중요성

위의 주제는 전문적이고 학술적인 것으로 격식체인 문어체 연결어미의 사용도 필수적일 것이다. 또, 문어체 연결어미 '(으)며'가 세 번이나 사용된 고급 쓰기 모범 답안이 3회분으로 나타났다. 21회의 주제인 '진정한 리더'의 쓰기에서는 총 17문장, 26회의 '개인 정보 공개와 시청자의 알 권리'에서는 10문장, 52회의 '의사소통의 중요성'에서는 12문장에서 세 번이나 나타나 사용 빈도가 높다고

할 수 있다.

마지막으로 한국어능력시험Ⅱ 쓰기의 53번 문항인 도표를 분석하여 단락을 완성하는 쓰기에 문어체 연결어미 '(으)며'의 제시가 두드러졌다. 도표는 신문이나 인터넷 기사, 전문 서적 등 주변에서 흔히 볼 수 있고 한눈에 알아보기 쉽게 되어 있기 때문에 쓰기에 도움을 줄 수 있다(곽은선, 2016).5)

2) 가. 반면에 60대는 병원 약국이 전체의 절반 수준인 50%로 가장 높게 나타났으며, 공연장문화 센터가 23%로 조사되었다. (35 회 53번)

　나. 2000년에 4천 명이던 유학생이 가파른 상승세를 보이다 잠시 주춤하더니 다시 증가세를 보이며, 2016년에 이르러 10만 명이 되었다. (42회 53번)

위의 예문 2가~나)와 같이 그래프를 분석하는 정형화된 글을 완성할 때 '나타났으며', '보이며' 등의 문어체 연결어미의 쓰임이 많은 것을 알 수 있다. 배현정(2009)에서는 그래프는 축적된 자료를 도형으로 나타내어 수량의 크기를 비교하거나 변하는 상태를 알기 쉽게 하기 위해 활용하는 것으로 정보를 빠르게 이해할 수 있는 장점이 있다고 하였다.

학문목적이나 직업목적의 한국어 학습자들이 전문적이고 학문

---

5) 곽은선(2016)은 한국어 교재 분석을 통해 보통 중급 이상의 교재에 도표나 그래프 분석 쓰기가 노출된다고 밝힌 바 있다.

적인 업무와 학업을 수행해 나가기 위해서는 도표 분석의 쓰기가 필요하리라 본다. 이러한 쓰기에서 꼭 필요한 문법 항목이 문어체 연결어미가 될 것이다.

4. 통사적 정보

'(으)나'와 '(으)며'를 학습하는 이들은 초급 단계에서 벗어나 '지만', '(으)ㄴ/는데', '고', '(으)면서'와의 학습을 마친 학습자들이다. 이들은 유사문법의 형태로 '(으)며'와 '(으)나'를 학습하여 '고', '(으)면서'와 '지만', '(으)ㄴ/는데'와 형태만 다를 뿐 의미나 통사적 제약까지 유사하다고 판단하여 사용에서 오류를 일으킬 위험이 있다.

이러한 학습자를 위해 명확한 형태적 제약과 통사적 제약의 제시가 필요할 것이다.[6] '고'와 유사한 의미를 가지는 '(으)며'는 두 가지 이상의 상태나 행동을 겸하고 있을 때 사용할 수 있다.[7]

3) 가. *바다가 아주 아름답으며 크다.
　　나. *15세부터 취미로 일본어를 배웠며 지금 한국에서 한국어를 배우고 있다. 〈영어 3급〉

---

6) 본문에 제시한 '(으)나', '(으)며'의 제약은 양명희(2013, 2014)를 참고하였다.
7) 이 자료는 2021년 완전 구축을 목표로 현재 시범 운영되고 있는 국립국어원 한국어 학습자 말뭉치 나눔터 누리집에서 검색된 외국인 한국어 학습자 구어 및 문어 및 발화 자료에서 발견된 오류의 예이다.

다. *충분한 쓰레기 처리 시설이 없으며 시민들의 쓰레기 분리 배출이라는 의식도 매우 낮았다. 〈일본어 5급〉

위의 예문 3가)는 '(으)며'가 'ㅂ'불규칙과 결합할 때 어떻게 변해야 하는지 불규칙에 대한 정확한 정보가 없어 오류를 일으켰다. 3나)는 형태적 오류로 과거시제에는 '으면'의 형태가 와야 한다는 것을 정확하게 인식하지 못해 발생한 것이고, 3다)는 과거를 나타낼 때 선행부의 시제가 과거형이어야 함을 몰라서 '없었으며'가 아닌 '없으며'로 사용하여 오류를 일으켰다.

윤평현(2005)에서는 '-고' 접속문은 두 명제 사이에 아무런 매듭이 없지만 '-며' 접속문은 두 명제 사이에 어떤 매듭을 인식하게 되어 '-고'에 의한 접속은 선·후행절 내용에 대한 '연속성'의 의미 특성을 가지고 '-며'에 의한 접속은 선·후행절 내용에 대한 '분절성'의 변별적 의미 특성을 가진다고 하였다.

4) 가. 미라는 눈썹이 진하며 얼굴이 예쁘다.
　　나. 나는 성격이 조용하며 동생은 명랑하다.
　　다. 미라는 눈썹이 진하고 얼굴이 예쁘다.
　　라. 나는 성격이 조용하고 동생은 명랑하다.

4가~나)는 선행절의 내용과 후행절의 내용에 연속성이 없이 분절되는 것으로 '분절성'의 의미를 지닌다고 할 수 있다. 즉 앞, 뒤 문장의 '분절성'의 의미 특성으로 인해 선행절과 후행절에 이질성이 느껴지는 내용의 나열에 잘 어울린다. 그런데 '고' 접속문으로 선·후행절 내용의 '연속성'의 의미 특성을 가지므로 선·후행절 내용이 '동질성'과 '이질성'을 가진 내용이 잘 어울린다.

그리고 '고'는 동시성이 없고 '(으)며'는 동시성이 있다는 차이점을 명시적으로 전달할 필요가 있다.

5) 가. 형은 식사를 하고 영화를 봅니다. (동시성 ×)
   나. 형은 식사를 하며 영화를 봅니다. (동시성 ○)

5가)는 형이 식사와 영화를 보는 것을 동시에 하지 않는 것이고, 5나)는 형이 식사와 영화를 보는 것을 동시에 한다는 의미이다.

'(으)면서'와 유사한 의미를 가지는 '(으)며'는 두 가지 이상의 상태나 행동을 겸하고 있을 때 사용할 수 있다.

6) 가. 미라가 요리를 하며 음악을 듣습니다.
   나. 미라가 요리를 하며 영희가 음악을 듣습니다.
   다. 미라가 요리를 하면서 음악을 듣습니다.
   라. *미라가 요리를 하면서 영희가 음악을 듣습니다.

위의 6가~다)처럼 '(으)며'는 선행부와 후행부의 주어가 같아도 되고 달라도 되지만 '(으)면서'는 주어가 반드시 같아야 하므로 6라)처럼 주어가 다르면 오류가 된다.

그리고 '(으)며'는 청유문이나 명령문과 결합할 수 없고 의문문에서는 부자연스러운 문장 종류 제약을 가지고 있다. 장광군(1999)에서는 '-며'는 의미적으로 대조되지 않아 선·후행절의 동작과 상태가 동시에 존재하고, 구어체나 문어체에서 사용되었지만 차츰 문어적 표현의 사용이 많아지게 되어 청유문, 명령문에서는 결합이 자연스럽지 못하여 청유·명령문 제약으로 나타나고 의문문에 사용되면 문어적 표현으로 구어체로서는 부자연스러움이 있다고 하였다.

7) 가. *존은 피아노를 치며 왕밍은 노래를 부르세요.
    나. *존은 피아노를 치며 왕밍은 노래를 부릅시다.
    다. *존은 피아노를 치며 왕밍은 노래를 불러요?

7가~다)처럼 '(으)며'는 화자의 의도가 포함되어야 하는 청유문, 명령문과는 결합 할 수 없고 의문문에서는 부자연스러운 문장이 된다. 김경연(1998)은 '(으)며'는 화자가 사태에 대한 아무런 태도도 표현하지 않고 사태와 사태를 단순히 연결하는 경우에만 사용될 수 있다고 하였다.

'지만', '(으)ㄴ/는데'와 유사 문법 항목인 '(으)나'는 앞의 내용과 반대되는 내용을 뒤에서 말할 때나 반대되는 의미와 앞 내용을 인정하면서 그것에 조건이나 다른 내용을 붙여 말할 때 사용하는 문어체 표현이다.

8) 가. *두 번째 장점은 위험이나 사람이 힘으로 할 수 없는 일을 사람 대신에 하는 로봇을 사용하는 것이다. 〈몽골어 4급〉
    나. *물론 사람마다 의견이 다 다르나 반대할 때 우선 존중해야 하는 게 더 좋다고 생각한다. 〈중국어 5급〉

위의 8가~나)는 '(으)나'가 받침이 있을 때와 없을 때 연결되는 형태에 대한 인지의 정확성이 낮아서 발생한 오류이다. 학습자들에게 형태적 정보를 정확하게 인식시켜 정확한 표현을 사용할 수 있도록 해야 한다.

그리고 '(으)나'는 '미안하지만, 죄송하지만' 등과 같이 '미안하나 그것 좀 빌려 주세요'와 같은 관용적 표현에 쓸 수 없다.

9) 가. 미안하지만 그것 좀 빌려 주세요.
   나. 죄송한데 그것 좀 빌려 주세요.
   다. *미안하나 그것 좀 빌려 주세요.

위의 다)처럼 '지만'과 '(으)ㄴ/는데'일 때는 '미안하다, 죄송하다'가 함께 쓰일 수 있지만 '(으)나'와는 함께 쓰일 수 없음을 명시적으로 전달할 필요가 있다.

그리고 뒤 문장에 평서문과 잘 어울리지만 청유문, 명령문과의 결합은 어울리지 않는다.

10) 가. 저도 가지만 오늘 좀 도와주세요.
    나. 저도 가는데 오늘 좀 도와줄래요?
    다. *저도 가나 오늘 좀 도와주세요./도와줄래요?

위의 10가~나)의 '지만'과 '(으)ㄴ/는데'이 쓰이면 뒤 문장에 청유문, 명령문과 결합할 수 있지만 '(으)나'는 청유문, 명령문과 결합할 수 없다.

5. 수업에서의 적용

문어체 연결어미 '(으)나'. '(으)며'는 한국어능력시험 53번 문항의 그래프를 분석하는 쓰기 유형을 활용하는 데 도움이 된다. 그래프와 같은 시각적 자료를 활용하는 것은 유도 작문에 속한다.

유도 작문은 글의 내용이나 주제 측면에서는 교사가 제한하되 언어의 사용은 제약 없이 학습자 스스로 선택할 수 있도록 하는 작문 유형이다. 유도 작문은 주어진 언어 형태를 적절히 바꾸어보며 정확한 언어 형태를 익힐 수 있어 한국어 학습자들의 쓰기에 대한 부담과 어려움을 줄여줄 수 있다.

또한, 학문 목적이나 직업 목적 학습자들은 한국어능력시험에서 높은 점수를 획득하면 학업이나 업무에 도움을 많이 받는다. 그래서 학습자들은 한국어능력시험에서 높은 점수를 받기 위해 노력을 기울이고 있지만 앞서 밝힌 바와 같이 학습자들은 쓰기 영역에서 많은 어려움을 겪고 있다.

한국어 교육에서 중·고급 단계로 올라갈수록 교재에 제시되고 있는 쓰기 활동들이 개인의 일상적인 의견이나 단순한 경험을 쓰는 활동보다 논리적인 글이나 복잡한 내용의 글을 쓰는 활동이 많다(이현국, 2007). 이는 중·고급 단계로 올라갈수록 주제에 맞게 일관성을 지닌 글, 주장하는 상황에서의 논리성을 갖춘 글, 정확하고 사실적인 내용의 글을 쓰는 활동들이 많아지는 것이다. 이러한 글을 쓸 때 보통 학습자는 쓰고자 하는 내용이나 주장을 뒷받침할 수 있는 근거를 제시하게 되며, 그 근거 자료로 도식화되거나 시각화된 자료인 그래프나 도표를 제시하면 글의 목적을 달성하는 데

용이해질 수 있다.

한국어 쓰기 교육에서 문어체 연결어미 '(으)나', '(으)며'의 활용은 쓰기 전 단계와 쓰기 단계에 문법 교수 과정에 적용된다. 쓰기 전 단계는 '사전 쓰기(주제 확인하기)−문법 교수하기(제시, 연습)'가 포함되고, 쓰기 단계에 생산하기, 쓰기 후 단계는 확인하기 및 수정하기로 나누어 진행한다.

전체적인 수업 절차는 다음과 같다.

〈표 1〉 수업 절차

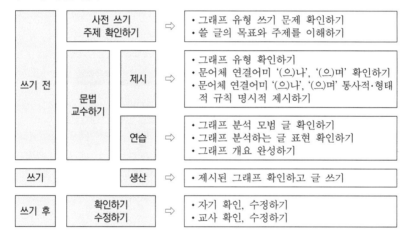

쓰기 전	사전 쓰기 주제 확인하기	⇨	• 그래프 유형 쓰기 문제 확인하기 • 쓸 글의 목표와 주제를 이해하기
	문법 교수하기	제시 ⇨	• 그래프 유형 확인하기 • 문어체 연결어미 '(으)나', '(으)며' 확인하기 • 문어체 연결어미 '(으)나', '(으)며' 통사적·형태적 규칙 명시적 제시하기
		연습 ⇨	• 그래프 분석 모범 글 확인하기 • 그래프 분석하는 글 표현 확인하기 • 그래프 개요 완성하기
쓰기	생산 ⇨		• 제시된 그래프 확인하고 글 쓰기
쓰기 후	확인하기 수정하기	⇨	• 자기 확인, 수정하기 • 교사 확인, 수정하기

5.1. 쓰기 전 단계

5.1.1. 사전 쓰기

쓰기의 주제는 '아이를 꼭 낳아야 하는가'이며, 52회 한국어능력시험 II 쓰기 53번 문항이다.

〈그림 1〉 사전 쓰기 자료

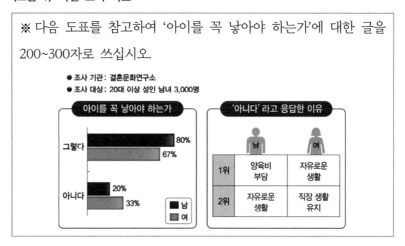

5.1.2. 문법 교수

문법 교수는 PPP모형인 '제시(presentation) → 연습(practice) → 생산(production)'으로 진행한다. PPP모형은 전형적이고 전통적인 문법 교수의 모형으로 학습 목표가 되는 언어 항목을 제시하면 학습자들은 반복적인 연습을 통해 빠른 시간 내에 최종적으로 정확한 문법 사용 능력을 기르는 데 도움이 된다. 또한 정규 학교 수업 등 일정한 시간 안에 많은 학생들에게 정해진 내용을 가르쳐야 될 상황에서는 시간과 내용을 제어할 수 있어 수업에서 많이 활용되고 있다.

① 제시 단계

제시 단계에서는 자연스러운 맥락에서 가능한 전체 과제와 연결될 수 있도록 하는 상황에서 과제를 인식하도록 한다. 과제 인식은 필자 스스로 이 글을 써야 하는 이유와 목적을 설정함으로써 쓰기에 의미를 부여하는 동기화라고 할 만큼 중요하다.

먼저 학습자들에게 다양한 그래프를 제시하고 오늘의 주제가 그래프를 이해하고 분석하여 쓰기라는 것을 인지시키도록 한다. 그리고 그래프 표현을 학습한 다음 문어체 연결어미 '(으)며'와 '(으)나'를 제시하여 문장을 자연스럽게 연결시키는 연습까지 이어지도록 한다.

그 예를 구체적으로 제시하면 다음과 같다.[8]

---

8) 4장에서 활용한 그래프의 출처는 한국어능력시험의 쓰기이다.

〈그림 2〉 제시 단계 자료

1. 다음의 그래프 유형을 확인하고 내용을 분석하여 팀별로 발표해 봅시다.

1) 위의 그래프 유형을 확인해 봅시다.[9]

2) 그래프 분석에 필요한 표현은 무엇인지 생각해 봅시다.

3) 한국어 학습에서 그래프 분석은 왜 필요한지 생각해 보고 이야기해 봅시다.

4) 쓰기에서 사용하는 '문어체' 문법에 대해 이야기해 봅시다.

5) 하나의 그래프 유형을 정하고 분석하여 발표해 봅시다.

---

[9] 한국어 교재에 초급은 기준에 맞게 분류된 정보에 맞춰 빈칸을 채울 수 있는 매트릭스(분류표) 정도로만 사용되고 있고 중급 이상에서는 도표로는 막대그래프, 원그래프, 꺾은선 그래프, 트리 도표, 매트릭스, 시간 연속선, 구성 지도 등 다양하다(곽은선, 2016).

2. 다음을 읽고 내용을 확인해 봅시다.

대학생을 대상으로 대학교육을 받으려는 목적을 조사한 결과 '좋은 직업을 갖기 위해'라는 응답이 가장 많았으며 '능력 계발'과 '지식 습득'이 뒤를 이었습니다. 이는 진학률은 높아졌으나 취업률은 낮아지는 현실에 대한 학생들의 고민을 반영하는 것으로 보입니다.

1) 이 그래프는 누구를 대상으로 조사한 것입니까?

2) 무슨 조사를 했습니까?

3) 응답자가 많은 순서대로 써 보세요.

_____ → _____ → _____ → _____

4) 위의 밑줄 친 표현 '많았으며', 높아졌으나 '의 문어체 의미를 추측해 봅시다.

3. 다음은 문어체 연결어미 '(으)며'와 '(으)나'의 설명입니다. 팀원들과 형태를 확인하고 문법의 규칙에 대해 이야기해 봅시다.

A/V(으)며	받침 ○	먹으며 입으며	A/V(으)나	받침 ○	먹으나 입으나
	받침 x	가며 말하며		받침 x	가나 말하나
N(이)며	받침 ○	겨울이며	A/V(으)나	받침 ○	겨울이나
	받침 x	친구며/친구이며		받침 x	친구나/친구이나

*불규칙 동사 확인하기

A/V(으)며	듣다	들으며	A/V(으)나	듣다	들으나
	춥다	추우며		춥다	추우나
	낫다	나으며		낫다	나으나
	빨갛다	빨가며		빨갛다	빨가나

제시 단계에서는 먼저 팀별로 그래프 유형을 확인하고 분석하여 발표를 하도록 하고 '문어체 문법'을 명시적으로 노출하여 학습자들이 인식할 수 있도록 한다. 발표가 마무리되면 교사는 학습자들에게 그래프 학습이 필요한 이유를 정확하게 전달한 다음 그래프 분석에 필요한 어휘나 표현인 '증가하다, 늘어나다, 감소하다, 줄어들다, ~(으)로 나타나다, ~을/를 차지하다, ~(으)ㄴ/는 반면(에), 이와 달리' 등을 구체적으로 설명한다.

다음에는 문법을 학습하기 전에 목표 문법이 노출되는 그래프 분석하는 쓰기의 예문을 제시하고 목표 문법을 노출한다. 학습자들이 문어체 연결어미 '(으)며', '(으)나'의 형태와 의미의 규칙을 명시적으로 확인하기 전에 목표 문법의 의미를 유추할 수 있도록 활동을 제안한다. 그리고 학생들에게 '많았으며', '높았으며'를 제시하고 문어체 표현임을 명시적으로 전달한다. 그리고 학습자들이 도표 쓰기에서 활용할 수 있는 문어체 연결어미 '(으)며', '(으)나'의 문법적 규칙을 학습한다. 교사가 통사적, 형태적 규칙을 명시적으로 제시하고 설명하고, '문어체 문법'이라는 용어를 명시적으로 전달한다.

또한 불규칙 단어를 확인하여 쓰기의 오류를 줄이도록 한다. 교사는 목표 문법인 문어체 연결어미의 문법 설명 후 연습을 통해 학습자들이 문어체 연결어미를 정확하게 사용할 수 있도록 한다.

② 연습 단계

연습 단계에서는 지금까지 학습한 목표 문법을 쓰기 기능과 연계하여 활용하는 연습을 유도한다. 교사는 학습한 내용에 대해 정리하여 학습자에게 전달하고, 학습자가 쓰기에서 직접 활용할 수 있도록 그래프를 분석한 글을 보고 내용을 파악할 수 있도록 유도한다. 그리고 문어체 연결어미 '(으)며'와 '(으)나'가 쓰인 부분을 명시적으로 전달하는 학습 부분을 추가하여 표지와 개요 쓰기까지 연계하여 제시하도록 한다.

〈그림 3〉 연습 단계 자료

※ 다음 그래프를 분석한 글을 확인하고 물음에 답해 보세요.

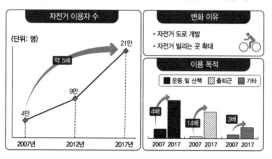

인주시의 자전거 이용자 변화를 살펴보면, 자전거 이용자 수는 2007년 4만 명에서 2012년에 9만 명에서 2017년에 21만 명으로 늘어났고 지난 10년간 약 5배 증가하였다. 특히 2012년부터 2017년까지 자전거 이용자 수가 급증한 것으로 나타났다. 이와 같이 자전거 이용자 수가 증가한 이유는 자전거 도로가 개발되었으며 자전거 빌리는 곳이 확대되었기 때문인 것으로 보인다. 자전거 이용 목적을 보면, 10년간 운동 및 산책은 4배가 증가하였으나 출퇴근은 14배로 대폭 늘어난 것으로 나타났으며, 기타는 3배 증가로 나타났다. 즉, 출퇴근 시 이용이 가장 높은 증가율을 보였다.

1) 위의 글에서 밑줄 친 부분의 문어체 연결어미 '(으)며'와 '(으)나'의 쓰임을 확인해 봅시다.

2) 아래 그래프를 분석하는 글에 사용되는 표현을 확인해 봅시다.

  ① ~~을/를 대상으로 ~~에 대해 설문조사를 실시하다

  ② 다음으로 ~~~을/를 차지하다

  ③ 반면에 ~~~에 그치다

  ④ 그 결과 ~~~ㄴ/는다는 것을 알 수 있었다.

3) 위의 그래프의 내용으로 개요를 완성해 보세요.

처음	설문 조사, 대상, 주제	
중간	설문 내용	
끝	결과(객관적 내용)	

5.2. 쓰기 단계

쓰기 단계는 생산 단계로 한국어능력시험 53문의 문항을 다음과
같이 제시하고 분석하는 글을 완성하도록 한다.

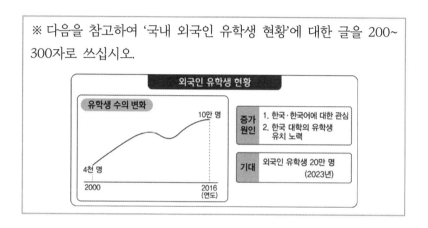

※ 다음을 참고하여 '국내 외국인 유학생 현황'에 대한 글을 200~
300자로 쓰십시오.

5.3. 쓰기 후 단계

자기 확인 및 수정하기는 표현하기 단계를 거친 글의 내용과 구성,
표현 등을 학습자인 필자가 자기 주도적으로 확인하고 점검하여
내용을 수정하는 활동이다.

6. 수업 적용의 유의점

문어체 연결어미 '(으)나'와 '(으)며'를 활용한 쓰기는 전문적이고 공식적인 쓰기를 요구받는 학문목적이나 직업목적의 고급 한국어 학습자들의 쓰기 능력을 향상시키는 데 초점을 두고 있다. 하지만 문어체 연결어미 '(으)나'와 '(으)며'를 활용한 쓰기는 다음과 같은 점에 유의하여 적용하여야 한다.

첫째, 문어체 연결어미 '(으)나'와 '(으)며'의 학습으로 쓰기의 장르를 고려하지 않고 지나치게 적용하지 않도록 해야 할 것이다. 정보 전달이나 설득을 목적으로 하는 쓰기에서는 격식체인 문어체를 사용하지만 정서·감정 표현이나 사교·친교를 위한 글을 쓸 때는 비격식체를 사용하는 경향이 강하다. 그러므로 장르의 유형을 명확하게 인지하게 하고 문어체 연결어미 '(으)나'와 '(으)며'의 사용을 적절하게 할 것이다.

둘째, '문어체 문법'의 명시적 노출을 강조한 나머지 학습자들의 최종 사용 목적이 문법 활용으로 오해하지 않도록 해야 할 것이다. 그래프 분석 쓰기를 바탕으로 '문어체 문법' 학습을 의도적으로 노출하므로 자칫 학습자들이 문법의 이해를 학습의 최종 목표로 오해하여 쓰기까지 확장하지 못하는 일이 발생할 수 있다. 명시적 문법 노출을 강조하되 학습의 최종 목표가 쓰기 결과물 산출임을 명확하게 인지시킬 필요가 있다.

제5장 시각적 입력강화 기반의
우연적 표지 학습을 활용한 한국어 쓰기

1. 필요성

쓰기는 필자의 다양한 사고와 경험을 담화공동체의 관습과 그 사회의 문화적 양상을 반영하여 그 언어의 문법 형태나 구조를 수용하여 언어적 표현으로 표출하는 것이다. 즉, 그 사회의 맥락과 상황에 맞는 문장 표현으로 장르의 유형에 맞는 쓰기를 구현해야 하는 것이다. 장르는 필자와 독자가 속한 담화공동체의 사회적 상황 맥락과 완성된 결과물을 연결하는 것으로, 그 장르를 사용하는 이들 간의 상호작용을 반영한 것이라고 할 수 있다. 그런데 외부에서 오는 담화공동체 구성원들의 사회적 상호작용이 쓰기 구성에 실제적으로 관여한다고 하더라도 한국어에 직관을 가지지 못한 외국인 학습자들이 이것의 형성과 작용에 주체가 되기가 쉽지 않으며 구체적인 장르 유형에 따른 쓰기가 진행되지 못하는 문제가 발생하기도 한다.

이러한 학습자들을 위한 쓰기 방안으로 장르적 특성이 드러나는 표지 학습을 제안할 수 있다. 표지는 명제와 문장을 연결하여 의미를 구성하는 언어 장치로 선행 언어 요소와 후행 언어 요소 사이의 의미적 관계가 언어적으로 표출되는 것으로 학습자가 무한한 문장 생산과 문장에 정교한 의미를 제공할 수 있는 수단이 된다. 또한 장르를 막론하고 모든 텍스트에 나타나는 보편적인 언어 요소로서 특정한 장르에 속하는 텍스트의 전형적인 내용 요소이므로 특정 장르에 속하는 텍스트의 완성에 더 효과적인 도구가 될 수 있다. 그리고 담화공동체 구성원들이 공유하는 사회·문화적 상황 맥락이 포함되어 그들이 관습적으로 지켜가는 담화의 양식이 표지에 드러나게 된다.

이에 한국어 학습자들이 사회·문화적 상황 맥락에 맞는 쓰기를 하기 위해 구체적인 표지 학습 방법을 구안할 필요가 있는데 그것이 시각적 입력강화 기반의 우연적 표지 학습이 될 수 있다.

우연적 표지 학습은 학습자들이 텍스트 파악에서 표현의 구조나 형태 자체에 집중하기보다는 의미 이해에 초점을 맞춘 상황에서 반복적 노출로 표지를 무의식적으로 습득하는 것을 의미한다. 텍스트에 제시되는 표지는 단순한 어휘로 구성된 것이 아니라 덩어리 형태인 복합 형태로 구성되어 있으므로 명시적 제시를 통해 내재화하여 활용하기에는 정보처리에 한계가 있다고 본다. Coady(1993)는 L2 학습자들이 읽기에서 낯선 단어를 자신이 모르는 단어로 알아차리고 그 의미를 문맥을 통해 추측하여 얼마동안 그 단어를 기억하고 마지막에 낯선 단어의 기억이 잊을 수도 있지만 반복적 노출을 한다면 잊은 기억을 다시 재구성할 가능성이 있다고 주장하였다.10) 즉, 한국어 학습자들이 낯선 표지에 대해 인식을 한다면 반복 노출로 텍스트에 제시된 문맥을 통해 추측하여 인지할 수 있다는 의미로 이해할 수 있다.

그런데 한국어에 대한 직관이 없는 외국인 학습자들이 추측과 기억 그리고 반복 노출로만 학습을 이어가기에는 시간적 경제성이나 용이성 문제의 한계에 부딪힐 수 있다. 이를 극복할 수 있는 방법으로 형태 초점 접근법(Focus on Form)의 하위 기법인 시각적 입력강화를 활용할 필요가 있다. 이 기법은 학습자로 하여금 제2언어 입력에 있어 특정 자질에 주의를 기울일 수 있도록 명시적으로 나타내 주는 의도적인 시도를 하는 것으로 학습자들은 그것을 반복 노출로 인식하여 우연적 학습이 이루어지는 결과를 가져올 수 있을 것이다.

2. 시각적 입력강화

입력강화는 의사소통 중심의 수업에서 필요에 의해 학습자들이 목표 항목의 형태나 구조, 내용에 집중도를 높이도록 학습자들의 관심과 주의력을 끌어들이는 방법이다(Sharewood, 1991). 이것은 형

---

10) Coady(1993)는 이를 알아차림 전제(the noticing assumption), 추측 전제(the guessing assumption), 추측-기억 연결 전제(the guessing-retention link assumption), 반복적 노출에 의한 학습 전제(the cumulative gain assumption)로 제시한 바 있다.

태 초점 접근법의 하위 기법으로 학습자로 하여금 제2언어 입력에 있어 특정 자질에 주의를 기울일 수 있도록 명시적으로 나타내 주는 의도적인 시도를 의미한다.

입력강화는 시각적 입력강화와 청각적 입력강화로 나누어진다. 시각적 입력강화는 목표 항목을 시각적으로 눈에 띄게 함으로써 의도적으로 학습하고자 하는 부분을 학습자들에게 간접적으로 주지시키고, 귀납적으로 스스로 인식하여 규칙과 일반화 나아가 의미와 목적을 알게 하는 방법이다. 이를 텍스트 강화라 칭하기도 하는데 언어 학습자의 주의를 목표 문법 항목에 끌어들이기 위해 글자체를 진하게 하거나 굵게 하고 기울여 쓰거나 밑줄을 치는 등 활자상의 차이를 사용하는 것을 말한다(우형식, 2015).

청각적 입력강화는 교사가 사용하는 도구를 이용한 방법과 교사의 직접적인 행동으로 나누어 생각할 수 있다. 컴퓨터나 여러 도구가 부족했던 과거의 수업 현장에서는 교사가 직접 집중해야 하는 목표 항목을 목소리에 조금 더 힘을 주고 이야기를 하기, 과장된 억양으로 강조를 하기, 천천히 말하기, 반복해서 따라하기 등을 활용해서 의도적으로 주의를 끌어왔다.

한국어 교육에서 입력강화는 다양한 문법 항목의 유의미한 교수 효과를 중심으로 주로 이루어져 왔으며, 최근에는 입력강화를 통한 문법 학습을 쓰기 등의 언어 기능 학습으로 확장하는 연구가 진행되어 연구의 폭이 넓어지는 경향이 강하게 나타난다(임진숙, 2018). 특히, 시각적 입력강화는 암시 입력강화의 한 방법으로 제2언어습득에서 가장 많이 연구가 되었음에도 한국어 교육에서는 어휘나 표지 교육에 시각적 입력강화를 적용한 연구가 드물다고

할 수 있다.11)

김영규·오유영·이은주(2014)에서 고급 단계의 한국어 학습자들을 대상으로 상세화와 입력강화가 목표 어휘다발에 유의미한 영향을 미치는지에 대한 연구를 진행하여 유의미한 영향을 끼친다는 결과를 제시하였다. 이 연구는 어휘다발을 입력강화의 우연적 학습으로 그 효과를 검증하였다는 데 의의가 있다. 하지만 어휘다발이 단순한 연어 형태에 한정되어 덩어리 표현인 복합 형태로 확장되지 못하였고, 어휘다발 학습을 다른 언어 기능의 폭넓은 사용으로 확장시키지 못하였다.

그러므로 한국어 쓰기에서 어휘의 차원을 넘어서 덩어리 표현인 표지에 초점을 두는 쓰기 교수 방안이 필요하다.

3. 우연적 표지 학습

우연적 학습은 참여자들이 목표 항목에 대한 인지를 하지 못한 채 무의식적으로 학습으로 연결되는 것이다. Krashen(1989)은 이해 가능한 입력(comprehensible input)을 강조하면서 아동이 모국어를 학습할 때 암시적이고 우연적인 과정을 통해 어휘와 목표어를 습득하는 것과 같이 외국어 학습도 마찬가지임을 주장한 바 있다. 특히 우연적 학습은 여러 언어 기능 중에서도 학습자의 어휘력 향상을

---

11) 김영규·오유영·이은주(2014)에서는 제2언어습득에서 시각 입력강화가 가장 많이 연구가 되었다고 하였다.

목표로 두고 읽기와 듣기 문맥에서 어휘의 의미를 추론하여 자연스럽게 습득까지 이어질 수 있도록 하는데 초점이 맞추어져 연구가 진행되어 왔다(Huckin & Coady, 1999; Nation, 2001; Rott, 2007).

한국어 교육에서도 어휘 주석을 활용한 연구(박지현, 2007; 유선향, 2019), 텍스트 상세화를 활용한 연구(안기정, 2010), 어휘 의미 추측 전략 활용 연구(유민애, 2014) 등이 진행되어 우연적 어휘 학습에 대한 연구가 지속적으로 진행되고 있음을 알 수 있다. 그런데 이 연구들은 읽기나 듣기의 문맥 학습을 통한 우연적 어휘 학습에 초점을 둔 것으로 드러나 다른 언어 기능의 확장이 이루어지지 않았으며, 단순히 어휘 습득에만 초점을 두어 표지까지 학습이 확장되지 못했다는 점이 아쉬움으로 남는다.

그래서 쓰기에 필요한 표지를 시각적 입력 강화를 통해 우연적으로 학습할 수 있도록 하여 학습자들이 쓰기에서 사용(use)으로 확장할 수 있도록 하는 것이 필요하다. 우연적 표지 학습은 새로운 표지를 학습하고자 하는 어떠한 목적이나 의도를 가지고 과업을 수행하는 것이 아니라 단순히 텍스트의 내용을 이해하는 과정에서 우연히 발생되는 것이다. 학습자가 텍스트 이해를 위해 반복적으로 수준에 맞는 과업을 지속해 나간다면 의도적 표지 학습에서 습득하는 표지의 양보다 습득양이 증가할 것으로 예상된다.

그리고 우연적 표지 학습은 대화와 협의 등을 통해 상호협력적인 방법으로 과제를 해결하는 학습자 중심 접근 방법인 협력 활동으로 진행하면 더 높은 학습적 효율을 높일 수 있다. 협력 활동은 학습자 간의 사회적 상호작용 학습으로 학습자가 스스로의 능력으로는 해결할 수 없는 어려운 과제가 주어졌을 때 자신보다 뛰어난 타인과의 사회적인 상호작용을 통해 해결해나가는 것으로 비계(scaffolding)를 활용한다는 것으로 이해할 수 있다. 특히, 한국어 직관이 부족한 외국인 학습자들에게 동료 학습자들이 짝이나 그룹으로 묶여 상호 간의 협력활동을 통해 학습을 능동적으로 추진할 수 있다.

4. 텍스트 표지 사용 양상

학습자들의 쓰기 결과물에 나타난 표지를 분석하여 오류의 양상을 살펴보고 수업에서의 적용에 참고할 필요가 있다. 분석한 쓰기 결과물은 '사회 현상'이라는 주제에서 하위 소재인 '독거노인의 문제'와 '청소년 게임 중독의 문제'이며 문제 해결 구조 글을 800~900자로 완성하도록·하였다.

쓰기 결과물은 총 158편이 수거되었고 총 3435개의 문장을 산출하였다. 그 중에서 '문제'와 '해결'의 표지가 사용된 문장의 수를 분석한 결과 1645문장으로 나타났다. 이 문장에서 오류가 발생한 것을 표로 나타내면 다음과 같다.

〈표 1〉 오류율

	오류율	소계(비율)
'문제'의 표지	522(31.7%)	1645(100%)
'해결'의 표지	416(25.3%)	1645(100%)

위의 〈표 1〉처럼 '문제'의 표지는 총 1645문장에서 522문장이 오류로 나타났고, '해결'의 표지는 416문장이 오류로 나타났다. '문제'의 표지(31.7%)가 '해결'의 표지(25.3%)보다 다소 많은 것으로 나타났다. 이는 '문제'의 표지는 학습자마다 다양한 표현으로 사용하는 반면에 '해결'의 표지는 해결책을 제시하는 초급 표현으로 정형화된 '-어/아/야 하다'의 패턴만을 집중적으로 사용하였기 때문인 것으로 드러났다. 학습자들은 '해결'의 표지 활용에서 정형화된 표현만을 활용하는 학습자에게 '대안이 필요하다, 대안이 필요할 것으로 보인다, -을/를 해야 하다, -는 것도 방안의 하나이다. 방안의 하나라도 할 수 있다, 을/를 통해 풀어 나가야 할 것이다, 을/를 바탕으로 문제를 풀어나갈 때 -은/는 극복될 수 있을 것이다 ' 등으로 확장된 표현을 명시적으로 노출할 필요가 있다.

다음은 텍스트 표지의 오류이다. 여기에서 한국어능력시험(TOPIK) 쓰기 채점 기준과 박주영·정부자·김가은(2014)과 박성희(2016)의 오류 분석 기준을 참고로 하여 텍스트 표지를 분석하고자 한다.

이들은 기존 연구물들을 정리하여 쓰기 분석방법의 범주와 분석요소를 미시적 구조(쓰기 산출성, 어휘 다양성, 구문 복잡성, 정확도 및 오류율), 거시적 구조(전반적인 글의 질), 철자(철자 분석), 유창성(쓰기 유창성), 기타(쓰기 검사 도구, 쓰기 전략 및 태도)로 나누었다. 박성희(2016)는 미시적 수준(어휘의 적합성, 문법의 정확성, 문장의 복합성), 거시적 수준(텍스트의 구성, 주제의 명확성, 문단의 유기성)으로 나누었다. 위의 분석 기준에서 미시적 구조에 초점을 두어 어휘, 문법, 표현(문장의 복합성, 맞춤법, 문장 호응)으로 나누어 분석하였다.

〈표 2〉 오류의 유형

	어휘 오류	문법 오류	표현 오류	소계(비율)
'문제'의 표지	99(17%)	289(50.0%)	190(33.0%)	578(100%)
'해결'의 표지	79(19%)	197(47.4%)	140(33.6%)	416(100%)

위의 〈표 2〉에서 알 수 있듯이 '문제'와 '해결'의 표지 모두 '문법 오류〉표현 오류〉어휘 오류'의 순으로 오류가 많은 유형이 동일한 것으로 나타났다. 학습자들은 정형화된 표지를 활용하는 데 있어서도 문법에 어려움을 많이 겪는 것을 알 수 있다.[12]

먼저 오류 유형에서 문법의 오류가 가장 많은 것은 학습자들이 이미 학습한 바 있는 표지라고 할지라도 한국어라는 목표어의 다양한 규칙 정보나 통사 정보를 수용하여 그 사회의 맥락에 맞게 문장을 생성하기가 쉽지 않기 때문이다. 문법은 언어에 내재된 규칙의 집합으로, 한 언어에 존재하는 수많은 형태들이 어떻게 배열되어 하나의 명제로서의 의미체를 형성하는지에 관한 기본적인 구조와 규칙뿐만 아니라 사용양상을 학습해야 하므로 언어 학습자들은 문법 학습에 대한 부담을 지우기가 힘든 실정이다.

특히 한국어를 직관이 아닌 언어의 규칙과 체계로 학습하는 한국어 학습자들에게 한국어가 지닌 교착적 성격 때문에 문법 형태와 구조의 접근과 실제 의사소통 상황에서 활용 가능하도록 의미와 기능이 접목된 접근이 요구된다. 그런데 이러한 내용이 포괄된

---

12) 이훈호(2015)도 한국어 오류 분석 연구의 동향을 분석하여 문법은 100편, 어휘와 표현 62편, 발음과 억양 58편, 철자와 띄어쓰기 19편이라고 하면서 특히 문법 중에서도 어미와 조사 오류 연구의 비중이 가장 높다고 하였다. 즉 문법은 한국어 학습자들이 가장 어려워하는 부분이라고 할 수 있다

문법 범주가 너무 넓어 학습에 어려움을 겪게 되며 오류의 발생도 높아지게 되는 것이다.

그 구체적인 예를 보면 다음과 같다.

① ㄱ. 독거노인의 문제를 점점 심해졌습니다.

　 ㄴ. 독거노인이 많아지면 발생하는 문제점은 있다.

② ㄱ. 청소년 게임 중독하면 피해점과 문제점이 많다.

　 ㄴ. 게임이용을 제한하는 구체 방안을 내놓기도 했다.

③ ㄱ. 이 문제점을 해결할 수 있는 좋은 방안은 몇 가지 있었다.

　 ㄴ. 독거노인의 문제를 해결하기 위에서는 혼자만의 세계에 가두지 않는 것이 가장 중요했다.

위의 ①ㄱ~ㄴ)은 한국어 '조사'에 대한 오류이다. 한국어는 첨가어로서 조사가 발달된 언어로 조사가 문법적 기능과 함께 화자의 의도와 태도가 담긴 다양한 의미를 나타내고 있다. 그러므로 한국어 학습자는 모국어에 없는 조사 자체가 생소하고 형태는 비슷한데 의미와 기능이 각기 다른 조사를 구별하여 사용하기가 쉽지 않은 것이다. 앞서 제시한 이훈호(2015)도 어미와 조사 오류 연구의 비중이 가장 높다고 밝힌 바 있다.

②ㄱ)은 '하다' 동사와 '되다' 동사의 정확한 정보 즉 피동과 사동에 대한 이해의 부족으로 오류를 발생시킨 것이다. 한국어 학습자들의 어휘력은 학습 단계가 올라갈수록 단계적 발전을 보이고 있으나 각각의 단어들을 어떻게 구성해야 좋을지 동사의 논항 구조가 어떻게 구성이 되어 있는지에 대한 정확한 지식이 부족하다고

볼 수 있다.

②ㄴ)은 '구체적이다'의 '서술격 조사'인 '이다'에 대한 정확한 정보 부족으로 범한 오류로 볼 수 있다. 현행 한국어 교육에서는 '이다'를 '용언'의 일부로 범주화 하여 학습자들에게 전달하기도 한다. 학습자는 '구체적이다' 어휘의 완전한 형태에 대한 인식도 부족할뿐더러 '이다'의 문법적 정보도 갖추지 못하여 오류를 범한 것으로 이해할 수 있다.

③ㄱ~ㄴ)은 시제의 오류의 유형을 나타낸 것이다. '있었다'는 '있다'로 '중요했다'는 '중요하다'로 과거 시제가 아닌 현재 시제로 나타내야 하나 학습자는 필자로 자신의 생각을 나타내는 표현으로 본인이 방안을 생각하여 제안한 것이므로 과거의 형태를 사용하는 오류는 범하게 된 것이다.

다음으로 표현의 오류에 대한 예를 구체적으로 살펴보면 다음과 같다.

④ ㄱ. 저는 청소년 게임 중독의 문제점에 대해서 4가지로 나누었다.

　ㄴ. 그리고 저는 청소년 게임 중독의 문제점에 따라 해결 방안도 제기했다.

⑤ ㄱ. 내 생각은 독거노인 문제에 대해 해결 방안은 2가지 있다.

　ㄴ. 독거노인 문제를 해결하려면 첫 번째 그들의 자식에게 효도을 널리 알려준다.

위의 ④ㄱ~ㄴ)은 1인칭 지칭어의 오류의 예이다. 1인칭 지칭어는 영어 등의 언어와는 달리 대화상대자 요인에 따라 '저-나'로 이원화 되는데 설명문 등의 쓰기 유형에서는 '저'의 지칭어 사용에 제한이 있다. 학습자들이 구어와 문어의 구분 없이 설명하는 글에서도 '저'를 사용하여 문장의 표현에 오류를 발생시켰다.

⑤ㄱ)은 해결 방안 제안은 자신의 생각을 나타내는 것이므로 '내 생각은'을 제외하고 '독거노인 문제에 대해 해결 방안을 두 가지 제시하고자 한다'로 수정하는 것이 좋다. ⑤ㄴ)은 '독거노인 문제를 해결하려면 첫째, 자식들에게 효도에 대한 중요성을 깨닫게 한다'의 표현으로 수정한다면 자연스러운 문장으로 연결될 것이다.

다음으로 어휘 오류의 예를 살펴보면 다음과 같다.

⑥ ㄱ. 사람마다 자신의 역할을 넉넉히 해야 이 문제를 해결할 수 있다.

　ㄴ. 사회가 발전하면서 독거노인의 문제가 전전히 나타납니다.

⑦ ㄱ. 어떤 사람들이 게임 중독은 많은 사회적인 문제를 이르킨다고 생각한다.

　ㄴ. 독거노인 문제 방법을 해결할 수 있다고 생각한다.

⑧ ㄱ. 앞에 말하는 것과 같이, 노인에게 외롭지 않기 위해서 자식들도 자기의 부모님에게 관심을 많이 주어야 한다.

　ㄴ. 자기 자녀의 게임 중독의 문제를 해결하도록 부모님께서는 야외활동을 많이 해야 한다.

위의 ⑥ㄱ~ㄴ)은 부사의 오류로 볼 수 있다. ⑥ ㄱ)에서는 사람이 자신의 역할에 충실해야 문제를 해결할 수 있다는 의미로 사용하고자 하였으나 형용사 '충실하다'를 사용하지 못하고 유사 의미를 가진 '넉넉히'를 사용하여 오류를 일으켰다고 볼 수 있다. 그리고

⑥ㄴ)은 '사회가 발전하면서 독거 노인 문제가 서서히 드러난다'라는 문장을 완성하고자 하였으나, 유사 의미를 지닌 속도를 나타내는 어휘 '천천히'와 혼동하고 있다. 한국어 부사는 그 양이 방대할 뿐만 아니라 유사 의미를 지닌 것도 많아 학습자들이 어려움을 겪는 부분 중에 하나이다.

그리고 ⑦ㄱ)은 '일으키다'라는 동사를 '이르키다'로 소리 나는 대로 쓴 것이다. ⑦ㄴ)은 '문제를 해결 하다'라고 해야 하나 '방법'이라는 어휘를 추가하여 오류를 발생시킨 것이다. ⑧ㄱ~ㄴ)은 선행부와 후행부의 문장의 호응이 맞지 않아 오류가 발생한 예이다. ⑧ㄱ)은 '노인들이 외로움을 느끼지 않도록 부모님들께 관심을 가져야 한다'는 의미로 해석할 수 있는데 선행부의 '노인에게 외롭지 않기 위해서'로 제시되어 후행부와 호응이 되지 않고 있다. ⑧ㄴ)은 '부모님이 야외활동을 많이 하는 것'이 아니라 '부모님이 자녀들과 야외 활동을 많이 해야 한다'로 후행부를 수정하여 선행부와 호응이 이루어지도록 해야 할 것이다.

학습자들은 문제 해결의 표지 의미를 어느 정도 이해하고 있지만 그 형태나 사용 양상에 대해서는 정확하게 인지하지 못하는 경우가 많았다. 그러므로 사회 문화적 상황 맥락에 맞는 표지를 정확하게 활용하기 위해서는 학습자들에게 문법, 어휘, 표현 등을 고려한 표지를 명시적으로 교수할 필요가 있다고 본다.

5. 수업에서의 적용

시각적 입력강화 기반의 우연적 표지 교수는 쓰기 전의 자료 분석 단계의 자료 이해와 표지 분석 과정에 적용된다.

　쓰기 전 단계는 '상황 맥락 파악(주제 이해)-배경지식 구조화- 자료 분석-내용 생성, 배열, 조직'이 포함되고, 쓰기 단계는 표현, 쓰기 후 단계는 확인 및 수정으로 나누어 진행한다. 전체적인 수업 절차는 다음과 같다.

〈표 3〉 시각적 입력강화 기반의 우연적 표지 교수-학습 모형

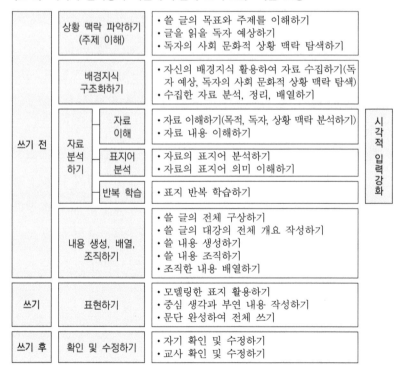

쓰기 전	상황 맥락 파악하기 (주제 이해)		• 쓸 글의 목표와 주제를 이해하기 • 글을 읽을 독자 예상하기 • 독자의 사회 문화적 상황 맥락 탐색하기	시각적 입력강화
	배경지식 구조화하기		• 자신의 배경지식 활용하여 자료 수집하기(독자 예상, 독자의 사회 문화적 상황 맥락 탐색) • 수집한 자료 분석, 정리, 배열하기	
	자료 분석 하기	자료 이해	• 자료 이해하기(목적, 독자, 상황 맥락 분석하기) • 자료 내용 이해하기	
		표지어 분석	• 자료의 표지어 분석하기 • 자료의 표지어 의미 이해하기	
		반복 학습	• 표지 반복 학습하기	
	내용 생성, 배열, 조직하기		• 쓸 글의 전체 구상하기 • 쓸 글의 대강의 전체 개요 작성하기 • 쓸 내용 생성하기 • 쓸 내용 조직하기 • 조직한 내용 배열하기	
쓰기	표현하기		• 모델링한 표지 활용하기 • 중심 생각과 부연 내용 작성하기 • 문단 완성하여 전체 쓰기	
쓰기 후	확인 및 수정하기		• 자기 확인 및 수정하기 • 교사 확인 및 수정하기	

5.1. 쓰기 전 단계

① 상황맥락 파악하기와 배경 지식 구조화하기

쓰기에서 주제 인식은 필자 스스로 이 글을 써야 하는 이유와 목적을 설정함으로써 쓰기에 의미를 부여하는 동기화라고 할 만큼 중요하다. 그리고 주제 인식을 바탕으로 자신이 쓴 글을 읽을 독자를 예상하고 그들이 속한 담화공동체의 관습과 규범에 맞게 주제나 목적을 설정하도록 교수한다.

'사회 문제와 해결 방법'에 대한 글을 작성하도록 한다. 현대 사회의 다양한 사회 문제를 인식하고 그것을 해결할 수 있는 방안을 제안할 수 있도록 하기 위해 사회 문제의 하위 주제를 정하지 않고 포괄적 개념의 주제를 학습자에게 제시할 필요가 있다고 본다.

주제 이해하기와 배경지식 구조화 수업의 실제는 다음과 같다.

---

1. 상황 맥락 파악하기

※ '사회 문제'에 대해 생각해 보고 '님비 현상의 문제와 해결 방법' 의 글을 써 봅시다.

• 쓸 글의 목표와 주제를 이해하기
1) '사회 문제'에 대한 글을 쓰는 이유가 무엇인지 생각해 봅시다.
2) '사회 문제'에 대해 알고 있는 것을 서로 이야기 해 봅시다.
3) '지역 이기주의' 문제가 무엇입니까?
4) '지역 이기주의'가 발생하는 원인이 무엇입니까?
5) 지역 이기주의 중에서 '님비 현상'의 의미는 무엇일까요?

---

6) 여러분이 알고 있는 '님비 현상'을 예를 들어 이야기해 봅시다.

2. 배경지식 구조화하기

• 글을 읽을 독자 예상하기
1) '님비 현상의 문제점과 해결 방법'에 대한 글을 읽을 사람이 누구일 것 같습니까?
2) 그 사람은 왜 이 글을 읽을 것 같습니까?
3) 독자는 이 글을 읽고 무엇을 알 수 있습니까?

• 독자의 사회 문화적 상황 맥락 탐색하기
1) 독자가 속해 있는 사회에는 요즘 어떤 사회 현상이 있습니까?
2) '님비 현상'이 한국의 사회 문제라는 것을 알고 있었습니까?
3) 어디에서 알게 되었습니까?
4) 그 문제에 대해 어떻게 생각합니까?
5) 해결 방법은 무엇입니까?

학습자들이 쓰기 전 단계에 주제를 파악하고 자신의 배경지식을 구조화하여 예상 독자가 누구일지, 독자의 사회문화적 상황 맥락을 추측해 보면서 자신이 쓸 글의 방향을 설정하게 된다. 또한 이 글에 관심을 두고 읽을 이에 대한 고려와 배려를 함께 하며 구체적인 쓰기 구성을 계획하여 쓰기에 대한 부담감도 제거할 수 있게 된다.

그리고 과제에 대한 이해를 바탕으로 자신이 가진 배경 지식과 다른 텍스트 등의 정보를 활용하여 자료를 수집한다. 수집한 자료는 쓰기 주제의 목표, 사회적 맥락 상황, 글의 구조, 형식, 표현 등을 고려하여 분석하고 필요한 정보를 추출한다. 그리고 분석한 자료를 정리하고 배열하여 자료를 구조화할 수 있게 된다. 자료 수집을 계획하는 단계에서는 필자인 자신과 독자가 함께 속해 있는 담화공동체 구성원이 소통하는 사회의 상황 맥락을 정확하게 파악한다. 자신의 글의 내용이 그 사회의 관습과 규범에 익숙해져 있는 담화공동체 구성원인 독자가 읽었을 때 이해하는 내용으로 구성되어야 하며 독자의 입장에서 쓰기의 내용이 실제 현실과 괴리가 존재하지 않는 것이어야 한다. 그러므로 그 사회 안에서 통용되는 쓰기의 구조, 형식, 표현 등을 적극적으로 활용하는 것이 중요하다.

② 자료 분석하기 1(자료 이해하기와 표지어 분석하기)

자료 분석 단계에 제시되는 텍스트는 표지어가 분명하게 드러나는 것으로 한다. 이것을 분석하여 전체 내용을 파악하는 것은 학습자가 쓰기에 대해 가지는 정서적 두려움이나 부담감을 해소하고 쓰기 활동에 능동적인 참여와 관찰을 할 수 있게 하는 장점이 있다. 제공된 자료로 글의 목적과 글을 읽을 독자를 예상할 수 있다. 또한 텍스트는 누가 누구를 대상으로 썼는지, 어떤 상황에서 어떤 목적으로 썼는지, 이것이 독자에게 어떤 영향을 끼치는지, 전달하고자 하는 내용을 어떻게 표현하는지 등에 대한 전체적인 흐름을 탐구하게 된다.

텍스트에서 상황맥락을 파악하여 사회 구성원으로 자연스럽게 융화될 수 있는 연습을 함으로써 쓰기 단계에서도 그 지식을 활용하여 쓰기를 하는 데 용이하게 할 수 있다. 앞서 2장에서 밝힌 바와 같이 제공되는 자료에 제시된 표지는 단순히 어휘가 연결된 어휘 다발의 형태에서 벗어나 복합 형태인 덩어리 표현이 제시되어 학습자들에게 전달될 수 있도록 해야 할 것이다.

실제 예를 제시하면 다음과 같다.

---

3. 자료 분석하기

3.1. 자료 이해

※다음 글을 읽고 생각해 봅시다.

최근 서울의 한 지역에서는 시끄러운 공항을 이전해 달라고 주민들은 물론 구청까지 발 벗고 나서서 문제를 제기하며 시위를 벌이고 있다. 이와 동시에 자기 지역의 개발에 도움이 될 것으로 보이는 법원을 유치하고자 노력하고 있다. 이렇게 자기 지역의 이익이나 행복만을 추구하려는 태도나 입장을 지역 이기주의라고 한다.

지역 이기주의의 대표적인 것은 '내 뒷마당에는 절대로 안 된다'는 '님비 현상'으로 이제 우리 주변에서는 이 말의 뜻을 모르는 사람이 없을 정도로 보편화되었다. 님비 현상은 핵폐기물 처리장, 원자력 발전소, 하수 처리장, 쓰레기 매립장 등 대규모 공공사업이 주민들의 반발에 부딪혀 제대로 시행되지 못하고 있는 상황에서 찾아볼 수 있다.

반면 지역의 복지나 재정적인 수입에 도움이 되는 시설은 지역들이 서로 유치하기 위해 경쟁하는데 이를 '핌피 현상'이라 한다. 수익성 있는 사업을 내 지방에 유치하겠다는 핌피 현상은 혐오 시설을 내 이웃에 둘 수 없다는 님비와는 반대 현상이지만 지역이기주의라는 점에서 똑같다고 할 수 있다. 핌피 현상은 고속철도 노선을 서로 갖고자 인접한 두 지역이 대립한 것이나 대기업 생산 공장을 서로 자기 지역에 유치하고자 하는 행동 등에서 찾을 수 있다.

물론 혐오 시설이 들어오는 것을 거부하고 이익이 되는 시설을 유치하고

자 하는 주민들의 입장을 이해하지 못하는 것은 아니다. 그러나 이러한 지역 이기주의가 사회 전반에 가득 찬다면 가장 시급하고 기본적인 공공사업조차 할 수 없게 될 것이며 이러한 시설을 통해 얻을 수 있는 혜택을 아무도 누릴 수 없게 될 것이다. 따라서 이러한 지역 이기주의는 반드시 극복되어야 한다.

그렇다면 이러한 지역 이기주의를 극복할 수 있는 방법은 무엇일까? 먼저 시설이 들어설 지역을 선정할 때 정부가 공정하게 선정해야 한다. 그리고 혐오 시설을 설치해야 하는 지역에는 그에 상응하는 보상을 해 주어야 한다. 무엇보다 중요한 것은 주민들이 성숙한 시민 의식을 갖는 것이다. 혐오 시설이라고 해서 무조건 반대하거나 자신에게 이익이 된다고 해서 과도한 유치 경쟁을 벌여서는 안 된다. 만약 합리적인 이유가 있다면 그것은 정부와 대화를 통해 풀어 나가야 할 것이다. 서로 간의 신뢰와 이해를 바탕으로 문제를 풀어 나갈 때 지역 이기주의는 극복될 수 있을 것이다.

출처: 이화한국어4(지역 이기주의에 대한 주장의 글 읽기)

1) '지역 이기주의'란 무엇입니까?

2) '님비 현상'과 '핌피 현상'이 무엇입니까? 이러한 현상이 생기는 이유는 무엇입니까?

3) '님비 현상'과 '핌피 현상'을 해결할 수 있는 방안은 무엇입니까?

4) 필자가 이 글을 쓴 이유는 무엇입니까? 독자가 이 글을 읽는 이유는 무엇일 것 같습니까? 이 글을 읽을 사람이 누구일 것 같습니까?

5) 위의 글은 어떤 유형의 글입니까?

	문제		해결 방법
지역 이기주의	님비현상	예:	1) 2)
	핌피현상	예:	1) 2)

6) 위의 글을 읽고 문제 해결 유형 도식에 맞게 완성해 보세요.

3.2. 표지어 분석

1) 위의 글에서 밑줄 친 표현과 어휘를 팀원들과 함께 학습해 봅시다.

-(으)로 인해, 문제가 일어나다, -(이)란 -는 것을 말하다, 문제가 생기다, -게 되다, 문제를 해결하다, -기 위해(서), -어/아/해야 하다, 이/가 필요하다, -에 대해(서), -는 것이다

2) 표현 확장하기

-은/는 물론 -까지 발 벗고 나서서 문제를 제기하다, -고자 노력하다, -의 반발에 부딪히다, 제대로 시행되지 못하고 있다, -고자 하는 행동에서 찾을 수 있다. -조차 할 수 없게 되다, -(으)ㄹ 수 없게 되다, -은/는 반드시 극복되 어야 하다, 그렇다면 이러한 -을/를 극복할 수 있는 방법은 무엇일까?, 먼저 -어/아야 하다, -을/를 -어/아 주어야 하다, 무엇보다도 중요한 것은 -을/를 갖는 것이다, -이라고 해서 무조건 -어/아서는 안 되다, -을/를 통해서 풀어나 가야 할 것이다, -을/를 바탕으로 문제를 풀어나갈 때 -은/는 극복 될 수 있을 것이다.

① 위의 표현을 팀원들과 함께 정리해서 구분해 봅시다.

문제 제시 표현	해결 방법 표현
• -은/는 물론 -까지 발벗고 나서서 문제를 제기하다	• -고자 노력하다
•	•

3) 다음은 모델 텍스트에서 문제 해결 유형의 표지가 쓰인 문장을 제시 한 것입니다. 팀원들과 함께 표지를 확인하여 문장을 완성해 봅시다.

• 주민들의 반발에 부딪혀 제대로 시행되지 못하고 있는 상황에서 찾아 볼 수 있다.

⇨ _____의 반발에 부딪혀 제대로 시행되지 못하고 있는 상황에서 찾아 볼 수 있다.

- 지역 이기주의<u>는 반드시 극복되어야 한다.</u>

  ⇨ _____은/는 반드시 극복되어야 한다.

- 그렇다면 이러한 _____<u>을/를 극복할 수 있는 방법은 무엇일까?</u>

  ⇨ 그렇다면 이러한 _____을/를 극복할 수 있는 방법은 무엇일까?

- 법원을 <u>유치하고자 노력하고 있다.</u>

  ⇨ _____고자 노력하고 있다./노력을 기울이고 있다.

- 그것은 정부와 <u>대화를 통해 풀어 나가야 할 것이다.</u>

  ⇨ _____을/를 통해 풀어 나가야 할 것이다. / _____을/를 바탕으로 풀어 나갈 때 _____은/는 극복될 수 있을 것이다.

4) 지금까지 확인한 문제 해결의 표지를 활용하여 팀원들과 함께 단락을 완성해 봅시다.

위의 자료 이해 단계에서는 학습자들에게 시각적 입력강화 기법으로 처리된 텍스트를 제공한다. 학습자들에게 시각적 입력강화를 활용하여 큰 글씨, 진하게, 밑줄, 다른 글씨체를 사용하여 표지를 학습할 수 있도록 유도한다.

표지 분석 단계는 텍스트 표지를 명시적으로 제시하고 연습하는 단계이다. 선행 학습에서 내재화된 정형화된 표지의 패턴을 제시하고 확인한 후 제공된 텍스트에서 제시된 표지를 확장하고 재구조화할 수 있도록 유도한다. 예를 들어 '문제가 발생하다'의 정형화된 문제 표지를 '-은/는 물론 -까지 문제가 제기되다'의 형태로 확장하여 학습할 수 있도록 한다.

또, 다양한 '사회 문제'의 주제들을 노출하여 학습자들이 한국의 '사회 문제'의 상황 맥락에 익숙해지도록 하여 어떤 주제가 제시되어도 문제를 제기할 때 자연스럽게 활용할 수 있게 하는 것이 중요하다고 본다.

③ 자료 분석하기 1(반복하기)

다음에는 유의미한 상황 맥락 안에서 분석한 표지 내용을 바탕으로 맥락에 맞는 표지를 반복 노출하여 연습을 통해 내재화하는 작업이다. 실험 집단에게는 시각적 입력강화가 활용된 자료를 제공하여 반복적 노출로 목표 표지에 대한 명시적 지식을 얻을 수 있게 한다.

그리고 형태와 의미를 연결해 줄 수 있는 구조화된 입력 활동으로 입력 자료를 순차적으로 제공함으로써 학습자의 바른 입력을 도와주는 것이다.

실제적인 예는 다음과 같다.

---

4. 반복

1) 다음 글에 사용된 표지를 확인해 봅시다.

현재 저출산 현상이 사회 문제로 대두되고 있다. 저출산은 산업의 전체적인 부분에 영향을 미친다. 먼저 노동력의 부족 문제는 물론이고 소비 인구의 감소로 국내 시장 경제가 나빠지는 문제까지 발생할 수 있다.

그렇다면 저출산 문제를 해결할 수 있는 방안은 무엇일까? 첫째, 보육시설을 늘리고자 하는 노력이 필요하다. 둘째, 출산한 여성을 위한 안정적인 일자리를 만들어 주어야 한다. 셋째, 남성들도 육아에 적극적으로 참여할 수 있는 사회 분위기를 조성하는 것이 무엇보다도 중요하다. 넷째, 다양한 육아 복지 혜택 제공을 통해 문제를 풀어나가야 할 것이다.

---

2) 팀원들과 함께 다음 단어들을 사용해서 문장 만들기 게임을 해 보세요. 5분 동안 가장 많은 문장을 만드는 팀이 누구일까요?

-조차 할 수 없게 되다	대안이 마련되어야 할 것이다	-방안이 있어야 하다	-을/를 위해서	-도록 적극적인 노력이 필요할 것이다
문제가 생기다	-을/를 통해 극복될 수 있다	-에 대해서 문제를 제기되다	-해결 방법이 필요하다	문제는 -이다

3) 문제 해결의 표현에 ∨하세요. 팀원들에게 물어보고 체크해 보세요.

	나	친구
출산율 저하 문제를 해결하기 위해서는 사회적 정책이 필요하다.	∨	
저출산이란 출산율이 낮은 것을 의미한다.		
아이를 많이 낳지 않는 이유를 살펴보겠다.		
문제를 해결하는 방안은 아이를 기르고 가르치는 데 드는 비용을 지원해 주는 것이다.		
맞벌이 부부가 마음 놓고 아이를 맡길 수 있는 시설을 늘릴 필요가 있다.		
양육비의 부담으로 출산율이 낮아진다.		

위의 '반복' 단계에서는 '사회 현상'의 다른 문제를 제시하여 학습자들이 다양한 주제를 접목하여 표지의 내재화 작업을 할 수 있도록 유도한다. 그러면 학습자는 글을 쓰는 목적과 이유를 분명하게 인지하면서 글의 구조가 드러나는 표지를 머릿속에 자동화하여 능동적으로 글을 구성할 수 있을 것이다.

④ 내용 생성, 배열, 조직하기
다음의 내용 구상과 생성, 배열, 조직의 단계로 앞서 정리한 자료를 활용하여 표지에 맞게 문장을 구성하여 내용 구성을 위한 체계

적인 작업이 이루어질 수 있도록 하는 데 초점을 두고 있다. 그 실제는 다음과 같다.

---

5. 내용 구상과 생성, 배열, 조직

1) '님비 현상'의 문제점과 그 해결 방안을 도식으로 완성해 봅시다.

주제	문제 제기	해결 방법
	· ·	1) 2)

2) 위의 내용을 개요로 완성해 봅시다.

처음	
중간	
끝	

위의 단계는 자신이 쓸 글의 '주제'를 확정하고 내용 생성 및 조직, 배열하기는 필자가 글을 완성하는 데 필요한 글의 재료를 생산하여 구조에 맞게 배열하는 활동을 한다. 그리고 개요 작성을 통해 자신이 생성한 내용이 담화 구성원의 사회 문화적 상황 맥락에 어긋나지 않는지 쓰기 목표에 부합하는지 등을 점검한다.

5.2. 쓰기 단계와 쓰기 후 단계

쓰기 단계에 완성한 결과물의 내용과 구성, 표현 등을 학습자인 필자가 자기 주도적으로 확인하고 점검하여 내용을 수정하는 자기 확인 및 수정하기 단계 작업을 한다. 자기 수정 확인을 거친 후 마지막으로 교사의 피드백을 받는다. 교사는 학습자의 결과물을 목표, 내용, 구성, 표현 등의 항목을 세세하게 확인하여 평가하고 수정해 줄 수 있어야 한다. 교사 수정 후에 학습자들은 고쳐 쓰기를 한다.

6. 적용상의 유의점

시각적 입력강화 기반의 우연적 표지 학습을 활용한 쓰기 학습으로 사회·문화적 상황 맥락 이해를 기반한 한국어 쓰기 결과물을 완성을 완성하는 데 도움이 된다. 하지만 시각적 입력강화 기반의 우연적 표지 학습을 활용한 쓰기는 다음과 같은 점에 유의하여 적용하여야 한다.

첫째, 지나친 시각적 입력강화는 학습자의 주의집중을 방해하는 요소로 작용할 위험이 있다. 즉, 자료 이해와 표지 분석에서 지나치게 시각적 입력강화를 강조하면 우연적 표지 학습이 이루어지기보다는 의도적 노출로 인해 학습자가 주의를 덜 기울일 수 있으므로 주의할 필요가 있다.

둘째, 표지어의 반복 학습으로 학습 흥미 저하를 불러일으킬 수 있다. 반복 학습 후 쓸 내용의 생성과 배열 조직이 이루어져야 하나 흥미 유발 실패로 쓰기의 구성이 제대로 이루어지지 않을 가능성이 있으므로 주의가 필요할 것이다.

제6장 플립러닝 기반의
한국어 듣기 학습연계글쓰기(WTL)

1. 필요성

의사소통 상황에서의 듣기는 결코 수동적인 듣기(hearing)가 아닌, 의도와 목적을 가진 더욱 적극적인 듣기(listening)이다. 듣기를 수행하는 청자는 정보의 일방적인 수용자가 아니라 잠재적인 화자로써 화자와 동등하게 의사소통에 참여하게 된다. 이를 위해서는 담화의 구조와 구어적 특성, 상황적 맥락, 화자의 배경 등에 대한 이해를 바탕으로 준언어적 요소와 비언어적 요소에서도 단서를 찾아 화자가 전달하고자 하는 바를 해석해야 한다. 이러한 과정에서 청자는 화자에게서 음성 정보가 도출된 시점부터 그 정보 속에서 소리와 의미를 구분하고, 의미들 속에서 원하는 정보들을 선별하고 처리하여야 한다. 그러한 과정에서는 음성 정보의 구어적 특성, 정보의 구성 방식, 어휘 및 표현 수준, 청자의 배경 지식 등 다양한 요인들이 청자의 듣기 이해에 영향을 미치게 된다.

이러한 일련의 과정은 한국어에 대한 직관을 가지지 못한 학습자에게는 쉽지 않은 작업일 것이다. 특히, 학술적이며 공식적인 학업을 수행해야 하는 학문 목적 학습자들은 듣기에서 단순히 주요 정보 찾기나 화자의 의도 파악하기에만 그치는 것이 아니라 전공 분야의 지식을 습득하거나 정보를 수집하는 것으로 이어가야 한다. 즉, 강의 듣기와 노트필기를 동시에 수행하여 이를 바탕으로 발표, 토론, 보고서 작성 등의 과제를 수행하며 자신의 지적 능력을 함양하고 다른 학습자들과 지식을 공유해야 하는 전문적이고 학술적인 학업을 수행해야 함을 의미하는 것이다.

이러한 학습자들을 위해 듣기 과정 안에서 실제적 이해 능력 향상을 위한 교수 방법이 필요한데 이것이 플립러닝과 학습연계글쓰기(WTL)를 절충한 융합교수가 될 수 있다. 플립러닝은 자기주도 온라인 영상 학습방법으로 시·공간에 제약 없이 정보를 제공하여 학습자의 수준과 학습 속도에 맞춘 자기 주도 학습을 진행하며 듣기 과정에서 지식 습득과 정보 수집 등을 용이하게 할 수 있다. WTL은 학습 과정 안에 '글쓰기'를 강화하여 학습자가 학습 내용을 언어로 재정리하는 데 주목하는 것으로 요약이나 문제 제기 등의 정보 수집이나 화자 의도 파악은 물론이고 자신이 이해한 내용을 질문하고 중심 논의를 정리하여 상황과 맥락에 맞는 사용(use)까지 확장할 수 있다.

2. 한국어교육에서 플립러닝

플립러닝은 'Flipped learning(거꾸로 학습)', 'Inverted classroom(역전된 교실, 역전학습, 역진행 수업)', 'Flipping the classroom(교실 뒤집기)', 'Flipped classroom(거꾸로 교실)' 등으로 개념화되고 있다.

플립러닝은 자기주도 온라인 영상 학습 방법으로 시·공간에 제약 없이 정보를 제공할 수 있다. 학습자는 제공된 영상을 이해가 될 때까지 반복해서 시청하여 자신의 수준과 학습 속도에 맞춘 자기주도 학습을 진행할 수 있게 된다. 이 교수법은 교실 수업 이전에 학습자가 스스로 지식을 미리 습득할 수 있게 하여 교실 수업에서는 문제 해결 중심(PBL)으로 활동할 수 있게 하는 학습자 중심 교수법(LCL)의 일환으로 볼 수 있다(John & Renner, 2012).[13] 이러한 방법은 학습자가 학습에 몰입할 수 있는 기회를 주고 의미 중심 학습으로 연계하여 학습 흥미를 유발 시킬 수 있다는 장점이 있다. 즉, 학습자들은 교실 밖에서 지식적 배경을 습득하게 되고, 이후 교실 안에서 질문을 통해 지식을 체화하는 과정을 겪으며 학습 능률을 높일 수 있다.

현재 4차 산업 혁명의 시대를 맞이하여 과학 기술이 급격하게 발달하면서 교육에서 학습자의 미디어 정보 파악과 미래 사회 교육 형식 구현에 발맞출 교육 방법으로 교육 전반에 활용되고 있다. 한국어교육에서도 최근의 플립러닝을 적용하는 한국어교육 연구의 필요성을 인식하여 논의가 활발하게 진행되고 있다. 플립러닝

---

13) 학습자가 중심이 되는 수업에서 교사의 역할은 '학습(learning)과 지도(instruction) 사이의 간극에 다리(bridge) 역할을 하는 것'이다(Nunan, 1988).

을 활용한 교수모형 및 교수 설계, 수업 운영 연구(박진욱, 2014; 김성수, 2017), 한국어 글쓰기(이경애, 2017; 김재희, 2018), 토론 등의 말하기(동효령, 2017; 이정연, 2018; 장회매·김중섭, 2019), 한국 문화(한윤정, 2017; 임은하, 2018; 박성, 2018), 한국어 문법(이소현, 2015; 우연희, 2017; 이경·윤영, 2017; 김강희, 2020) 등을 찾아볼 수 있다.

이 같은 연구들은 플립러닝을 한국어 교육 현장에 접목하여 수업 운영을 연구하고 교수 모형을 설계하여 학습자의 언어 능력을 향상시키고자 하였다는 점과 언어 기능의 접목으로 의사소통능력을 향상시키고자 하였다는데 의의를 찾을 수 있다.

3. 학습연계글쓰기(WTL)

WTL은 전공 연계 글쓰기(Writing across the Curriculum, WAC)의 하위 분야에 속하는 것으로, 격식적이고 형식적인 완전한 결과물에 초점을 두는 쓰기가 아니라 학습 과정 중에 습득한 내용 정보를 형식에 구애받지 않고 다양한 유형의 학습 도구로 쓰기를 활용한다.

서상범(2020)에서는 WTL이 인지 심리학 이론을 기반으로 하여 반추(reflection)의 한 형태 학습의 효용성을 제시하면서 학습은 부호화, 통합, 인출의 3단계를 거친다고 하였다. 즉, 학습으로 축적된 정보가 단기 기억에 저장되도록 부호화하여 그 정보에 의미를 부여하고 장기기억에 저장된 지식과 연결하여 재배열한 후 통합 과정을 거쳐 다양한 유형의 간략한 쓰기 형태로 재정리하여 인출로 이어가는 것이다. 학습 연계 글쓰기에서 활용할 수 있는 것으로는 읽기 저널(reading journal), 요약(generic and focused summaries), 학습일지 작성(the learning log), 쓰기일지 작성(the writing journals) 문제 기술하기(Problem statement), 실제 문제 풀이(Solving real problems), 사례들기(Using cases), 시험 예제 쓰기와 풀기(Pre-test warm-ups), 편지 쓰기(Letters), 사건 분석(Analysis of events) 등이 있다.

대학에서 글쓰기에 대한 연구가 본격화된 2000년대 초반부터 현재까지 글쓰기교육과 관련된 근본적인 관점으로부터 글쓰기 목표, 교수·학습 방법, 교육 내용, 교재, 글쓰기 윤리 등 그 주제가 다양하게 생산되면서 폭넓고 활발한 연구 진행과 성과를 도출해 내고 있다고 할 수 있다(김정숙·백윤경, 2017). 이에 발맞추어 WAC에 대한 연구도 활발하게 진행되고 있으나 WTL에 대한 연구는 그리 활발하게 진행되지 않는 편이라고 할 수 있다.

WTL은 부산외국어대학교에서 혁신적 교수법의 일환으로 권장되면서 전공 기초 과목과 글쓰기 과목에 접목하여 그 연구 성과들이 도출되기 시작했다(권경미, 2019). 전공 과목 접목에는 서상범(2019)을 들 수 있다. 그는 WTL이 인지 심리학에 기초를 두고 있으며 복습과 반추(reflection)를 활용한 러시아어 교수 학습 과정에 WTL 적용하여 학습자는 '부호화, 통합, 인출'의 3단계로 쓰기의 효용성을 확인할 수 있다고 하였다. 여기에서는 학습자의 기억을 자극하여 부호화하고 통합하여 학습자가 재구조화한 언어로 출력하는 사용(use)에까지 학습 내용을 확장하였다는 데 의의가 있다. 글쓰기 교과에 WTL을 적용한 김민옥(2019)은 웹미디어 콘텐츠 기반의 쓰기에서 '수용-통합-인출'의 단계적 접근을 글쓰기에 적용하여 그 효과를 검증하였으며, 권경미(2019)는 교과에서 운영한 구체적인 과정과 사례를 들어 첨삭의 유연화를 통해 학년별 확장이 가능함을 시사하였다. 안상원(2020)은 설문조사와 활동지 분석을 통해 학습자의 학습 상태를 전후 비교하여 학습 목표의 내면화 가능성을 제시하여 그 효과성을 검증하였고, 실제적 활동을 통해 교수자와 학습자의 상호작용이 교수 방향 설정에 도움을 줄 수 있다고 하였다.

외국인 학습자를 대상으로 한국어 교육에서는 WTL과 직접적으로 관련된 연구는 찾아보기 힘드나 이와 유사한 연구로 '딕토글로스(dictogloss)'를 들 수 있다. 형태 초점(Focus on Form) 교수법의 하위 기법에 속하는 것으로 특정 어휘 및 문법 학습뿐만 아니라 듣기, 읽기, 쓰기, 말하기 기능의 통합 활동으로 많은 연구에서도 유용하여 그 논의가 활발한 편이다(백재파, 2017). 한국어 듣기 교육 방법으로 김승미(2016), 김지인(2011), 박미향(2017), 박진희(2012), 서아람(2013), 손해숙(2011), 이경주(2014), 최문석(2012)에서 '듣고 재구성하기', '듣고 다시쓰기'의 유형으로 논의가 진행되었다. 그러나 이것은 학습 내용을 언어로 재정리하여 요약하기, 질문하기, 바꿔쓰기, 느낀 점 쓰기 등의 다양한 쓰기 유형 표현으로 산출하는 WTL과는 다른 교수 방법이라고 할 수 있다.

대학에서 수학하는 한국어 학습자들은 강의에서 학술적이고 전문적인 정보뿐만 아니라 담화공동체의 관습과 그 사회의 맥락과 상황에 맞는 정보를 이해하고 분석할 수 있는 능력을 갖추어야 한다. 이러한 학습자들에게 강의를 듣고 이해한 내용을 쓰기로 연계하는 WTL 연습은 다국적의 동료 학습자와의 의견 나눔과 수렴 등의 과정을 거치며 대인관계 공감 능력을 향상시키고 문제해결 능력을 배양하는 데 도움이 될 것으로 본다. 플립러닝으로 선학습된 배경지식을 기반으로 교실 안 학습에서 확인하는 과정을 거치고 학습 능력이 다른 동료와 함께 상호협력 활동을 통해 서로의 의미를 협의하면서 WTL능력을 향상시킬 수 있다. 특히 개인적으로 과제를 수행하기 어려운 한국어 학습자들이 동료와 함께 WTL 과제에 접근하여 서로 다른 시각에서 의견과 방법을 나누고 정보를 공유하는 것은 언어학습에 대한 부담감을 줄일 수 있는 방법이 될 수 있다.

4. 수업에서의 적용

플립러닝 기반을 적용한 한국어 듣기 수업에서 학습연계글쓰기(WTL)로 확장하는 수업은 Pre class—In class—Post class로 진행된다.
WTL 연계 학습은 In class에서 진행되며 Pre class에서 배경지식 활성화 및 듣기 확인이 충분히 진행되고, In class에서 사전 학습 내용과 질의 응답 그리고 사전학습 연계가 이루어진 다음 진행될 수 있다.

〈표 1〉 플립러닝과 학습연계글쓰기(WTL) 융합교수법의 모형

Pre class	In class					Post class
동영상 수업 /동영상 퀴즈 풀이	사전 학습 내용 질의 응답	사전 학습 연계	WTL 연계 학습	강의 요약		평가
배경지식 활성화 및 듣기 확인	듣기 내용 관련 확인	어휘, 표현 익히기 중심 내용 이해하기 주제 파악하기	개별활동 개별발표 협력활동 팀별발표	핵심 내용 정리		사후 성찰
20분/5분	15분	35분	40분	5분		5분

4.1. Pre class

듣기 내용을 파악하기 위해 배경 지식을 활성화하는 데 초점을 두어 주제와 관련된 다양한 자료를 제시하여 학습자들이 듣기 내용을 파악하는 데 도움을 주는 단계이다. 동영상 강의는 학습자의 반복 청취가 가능하므로 학습자 간의 능력 차이에 따른 수업의 어려움을 보완하고 자기 주도적 학습 능력을 향상시키는 데 효과가 있다.

동영상 시청 후 퀴즈 풀이를 통해 학습 내용을 확인하도록 하며 이러한 내용은 In class의 사전 학습 내용 질의 응답과 연결하여 교실 밖 수업과 교실 안 수업의 브릿지(bridge)가 자연스럽게 연결될 수 있도록 한다. 플립러닝의 활용은 학습자의 내재화된 언어능력을 산출하고 자기주도 학습을 유도할 수 있는 장점이 있지만 플립러닝이 수업 전 활동으로만 마무리되고 수업 활동과의 유기적인 관계를 유지하지 못하게 되면 효율적인 학습 방법이 될 수 없다. 이는 '수업 전 활동과 수업 활동을 연계하는 '브릿지(bridge)'가 중요하다는 가장 중요하다는 의미로 해석될 수 있다(최정빈, 2018).

이에 플립러닝을 통한 자기주도적 확인 학습인 퀴즈 풀이를 하고 교실 안 수업의 사전 학습 내용의 질의 응답을 자연스럽게 연계하는 과정이 중요하다고 본다. 또한 사전 학습 질의 응답은 짝(pair work)이나 그룹(group work) 등 다양한 협력 방법을 활용하여 상호작용이나 상호 수정을 능동적으로 추진할 수 있도록 한다. 자신이 가진 정보나 협력을 통해 수용한 정보를 내재화하여 WTL의 쓰기 내용 정보로 재구성할 수 있도록 하는 것이다.

다음은 플립러닝 수업 자료의 일부를 제시한 것이다.

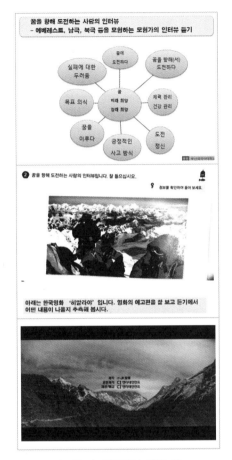

〈그림 1〉 플립러닝 강의 예

위의 모험가의 인터뷰를 통해 자신이 진정으로 원하는 일이나 자신의 가슴을 뛰게 하는 일을 할 수 있도록 꿈과 미래를 설계하라는 내용의 듣기이다. 플립러닝에서 교수자는 수업 전 활동 단계에서 수업 전략을 수립해야 할 뿐만 아니라 수업 자료도 제작하여야 하므로 주의를 기울여야 한다(배도용, 2015; 김남익, 2014).

4.2. In class

교실 안 학습 단계는 사전 학습 단계의 내용과 유기적인 관계가 중요하다. 플립러닝에서 학습자의 사전 학습이 충분히 이루어지지 않을 경우 오히려 수업 전반의 질이 낮아지고 노력 여부에 따라 학습자 간의 능력 차이가 커질 수 있다는 점이 한계로 지적되고 있기 때문이다. 앞서 밝힌 것처럼 브릿지(bridge)가 중요한데 여기에서는 교수자의 역할이 중요하다고 볼 수 있다. 사전 학습한 듣기 내용을 확인하기 위해 질의를 준비하고 이에 응답하는 방법을 개인적 구상뿐만 아니라 짝이나 팀이 협력하여 해결할 수 있도록 다양하게 구성할 필요가 있다.

　교수자는 학습자들 간 정보가 원활하게 소통되도록 분위기를 조성하고 응답에 대한 피드백을 구체화하여 제시할 수 있도록 한다. 사전 학습 내용의 질의 응답 다음 단계에는 어휘와 표현을 익히고, 중심내용과 주제 등을 파악하여 듣기 학습 내용의 전반적인 부분이 제시될 수 있도록 한다. 학습자들이 듣기 내용을 전체적으로 파악한 다음에는 듣기 주제와 내용과 연계된 주제를 제시하여 WTL을 진행한다.

　듣기의 주제와 이와 연계된 WTL의 유형을 표로 제시하면 다음과 같다.

<표 2> 듣기 주제와 학습연계글쓰기(WTL) 유형

듣기 주제		학습연계글쓰기(WTL)
양심과 도덕, 생계형 범죄 토론 듣기	⇨	생계형 범죄에 대한 찬반 의견의 근거 쓰기
꿈과 미래에 대한 고민 1	⇨	꿈과 미래의 어휘 쓰기(만다르트)
꿈과 미래에 대한 고민 2	⇨	자신의 가슴을 뛰게 하는 경험 소개 쓰기
문화의 정통성 1	⇨	히잡의 변화에 대한 듣기 텍스트 바꿔쓰기
문화의 정통성 2	⇨	자신의 나라의 금기 음식, 문화 소개하는 쓰기
인류의 신비로움 1	⇨	바닷길 축제에 대한 질문 쓰기
인류의 신비로움 2	⇨	낙타의 몸의 특징 정리하여 쓰기
아름다움의 추구	⇨	성형수술에 대한 찬반 의견 쓰기
한국 문화 전파	⇨	한류를 지속할 수 있는 방법 쓰기
이타적인 삶	⇨	'제노비스 신드롬'을 듣고 느낀 점 쓰기

쓰기는 내적 사고 활동과 사회 인지적 상황을 고려한 사회적 상호 작용으로 구성한 내용을 다양한 쓰기 지식을 활용하여 정확한 문법으로 표현하는 고차원적인 의사소통으로 외국인 학습자들에게는 부담에 되는 영역일 수밖에 없다. 이러한 상황에서 학습자들에게 주제와 유형에 맞는 긴 글쓰기를 요구하기보다는 다양한 언어 기능 안에 제시되는 주제와 학습 내용에 맞는 다양한 유형의 WTL을 연계하여 학습자들의 심적 부담을 줄일 필요가 있다고 본다.

쓰기의 예로 생계형 범죄 듣기에 대한 찬반 의견의 근거 쓰기에서는 '생계형 범죄에 대한 듣기입니다. 여러분은 여자와 남자의 의견 중에서 어느 쪽에 동의를 합니까? 그리고 그 이유는 무엇입니까? 근거를 정확하게 써 봅시다'로 제시하여 학습자들이 토론하는 듣기를 통해 근거 제시의 중요성을 이해하고 근거를 명확하게 제시할 수 있도록 유도한다. 다른 예로 한국 문화 전파 듣기에 대한 쓰기는 '한류'는 한국을 전세계에 알리고 한국을 발전시키는 원동력입니다. '한류'가 지속적으로 유지되기 위해서는 어떤 것이 필요하다고 생각합니까? 자신의 생각을 써 봅시다'로 제시하여 자신의 의견을 주장하는 쓰기를 진행할 수 있도록 한다.

WTL단계에서의 학습자들 간의 협력활동을 Vygotsky(1987)의 근접 발달 영역(ZPD)의 비계(scaffold)로 볼 수 있다. 이것은 근접 발달 영역 내에서 효과적인 교수·학습 활동을 촉진할 수 있는 방안 중의 하나로 외국인 학습자가 스스로 해결하기 힘든 사회 문화적 상황 맥락적 이해가 필요한 내용을 동료나 교수 등과의 사회적인 상호작용을 통해 해결점을 찾아가는 것이다. 이러한 학습 과정은 학습자들의 대인관계 공감 능력 향상과 문제해결 능력을 기르는 데 도움을 줄 것이다.

그런데 교실 안 학습에서 WTL 연계 학습 단계의 협력 활동이 잘 진행되기 위해서는 학습자 간의 상호작용 공간이나 상황 등을 마련하기 위한 교수자의 노력이 수반되어야 할 것이다. 예를 들면 화상 수업(ZOOM) 상황에서 팀별 공간을 따로 마련하여 협의의 시간을 내어주거나 다음 차시에 팀별 활동이 필요할 때 미리 전 차시에 공지하여 학습자들이 플립러닝의 선학습에서 활동을 미리 준비할 수 있도록 해야 할 것이다. 이러한 부분들은 교수자의 철저한 수업 준비가 수반되어야 함을 의미한다.

교실 안 학습 단계에서 WTL을 마무리하면 교수자가 핵심 내용을 정리하여 강의를 요약하여 학습자들에게 전달하게 된다. 학습자들은 이러한 과정을 통해 자신들이 학습한 내용을 기억하고 재구조화하여 실제적 의사소통 기회에 출력할 수 있게 될 것이다.

4.3. Post class

수업 후 교실 밖에서 이루어지는 자기 점검의 과정으로 플립러닝에서는 교실 안 학습에서 이루어지는 마무리 단계뿐 아니라 교실 수업 이후에 진행되는 사후 학습 단계를 매우 중요하게 다루는 경향이 있다.

이 단계에서는 자기 점검표와 성찰일지 작성을 통해 수업 전부터 연계해 온 문제 해결 문법 학습의 내용을 상위인지적으로 정리하고, 성취한 점과 보완해야 할 점에 대하여 인지할 수 있게 유도해야 하며, 게시판의 댓글 기능 등을 통해 평가조차도 거꾸로(flipping) 될 수 있도록 사전 학습 단계부터 전 과정에 이르기까지의 성찰이 이루어지게 해야 한다.

5. 적용상의 유의점

한국어 듣기 학습에서 어려움을 겪고 있는 학습자들을 덜어 주기 위해 플립러닝과 학습연계글쓰기(WTL) 융합 교수법을 적용하는 것에 초점을 두고 있다. 하지만 플립러닝과 학습연계글쓰기(WTL) 융합 교수법은 다음과 같은 점에 유의하여 적용하여야 한다.

첫째, 플립러닝을 통해 이루지는 선학습이 단발적 언어 기능 향상에만 초점을 맞추어 교수–학습의 제한적 부분의 적용이 장기화될 수 있어 학습자들의 흥미 유발 저하와 학습자 중심의 자기주도학습이 제대로 이루어지지 않을 수 있다. 플립러닝이 제대로 이루어지지 않는다면 이를 기반으로 하는 WTL의 확장에 무리가 따를 수 있다. 그러므로 학습자들이 자기주도학습을 완성할 수 있도록 플립러닝에서의 학습을 독려하고 확인을 정확하게 할 필요가 있다.

둘째, 듣기 수업에서 WTL의 지나친 강조는 학습자들의 흥미 유발을 저해하는 요인이 될 수 있다. 이해 영역인 듣기를 기반으로 표현 영역인 쓰기로의 확장이 한국어에 직관이 없는 외국인 학습자들에게는 학습에 대한 더 큰 부담으로 다가올 수 있다. 듣기에 대한 정확한 이해 없이는 WTL을 완성하기 힘들므로 학습자들에게는 학습 의욕 저하 요인이 될 수 있으므로 교수자의 철저한 학습 관리와 학습자의 학업 확인이 기반이 되어야 할 것이다.

곽은선(2016), "도표를 활용한 한국어 유도 작문 수업이 쓰기 능력 향상
　　과 정의적 영역에 미치는 효과: 중·고급 학습자를 대상으로", 이
　　화여자대학교 석사논문.

권경미(2019), "대안적 대학글쓰기 교육방향모색: 부산외국어대학교 학
　　습연계글쓰기(WTL)와 글쓰기 튜터제를 중심으로", 『한국 문예
　　창작』 18(3), 한국문예창작학회, 177~202쪽.

김경연(1998), "국어 접속문의 서법에 대한 고찰", 전남대학교 석사논문.

김민옥(2019) "웹미디어 콘텐츠를 활용한 글쓰기 교육방안", 『한국문학
　　논집』 82, 한국문학회, 485~521쪽.

김수정(2003), "한국어 문법 교육을 위한 연결어미 연구", 서울대학교
　　박사논문.

김영규·오유영·이은주(2014), "수정된 텍스트가 고급단계 한국어 학습
　　자의 어휘다발 처리에 미치는 영향", 『외국어로서의 한국어교육』
　　40, 연세대학교 언어연구교육원 한국어학당, 49~76쪽.

김정숙(1999), "담화 능력 배양을 위한 외국어로서의 한국어 쓰기 교육
　　방안", 『한국어 교육』 10(2), 국제한국어교육학회, 195~213쪽.

김정숙(2000), "학문적 목적의 한국어 교육과정 설계를 위한 기초 연

구", 『한국어 교육』 11(2), 1~19쪽.

김정숙·백윤경(2017), "대학 글쓰기 교육에 대한 연구 동향의 분석과 시사점: 2005~2017년 대학 글쓰기 교육 관련 학술논문을 중심으로", 『인문학연구』 56(3), 충남대학교 인문과학연구소, 359~391쪽.

김지인(2011), "받아쓰기와 Dictogloss를 이용한 수업이 한국어 듣기 능력에 미치는 영향 연구: 여성 결혼이민자를 대상으로", 영남대학교 석사논문.

노광위(2018), "한국어 목적 범주에 대한 소고", 『한국학연구』 51, 455~473쪽.

목정수(2009), "한국어 명사성 형용사의 설정 문제: 유형론적 접근과 국어 교육적 활용", 『국어교육』 128, 387~417쪽.

박성희(2016), "한국어 고급 학습자의 쓰기 오류 연구", 『사고와 표현』 9(2), 71~110쪽.

박주영·정부자·김가은(2014), "쓰기분석방법에 관한 국내외 문헌연구", 『언어치료연구』 23(1), 한국언어치료학회, 31~53쪽.

박지현(2007), "어휘 주석이 한국어 우연적 어휘 학습에 미치는 영향", 이화여자대학교 석사논문.

박진희(2012), "딕토글로스를 활용한 초급 한국어 듣기 교육 방안", 『국어교과교육연구』 20, 국어교과교육학회, 87~101쪽.

배도용(2015), "대학에서의 플립드 러닝 수업의 적용 사례 연구", 『우리말연구』 41, 우리말학회, 179~202쪽.

배현정(2009), "쓰기 교육을 위한 시각 자료의 해석 양상 연구", 상명대학교 석사논문.

백재파(2017), "한국어 교육에서 딕토글로스 교수 효과에 대한 메타 분석", 『학습자중심교과교육연구』 17(22), 학습자중심교과교육학회, 515~535쪽.

서상범(2020), "전공기초 교과목에서의 학습연계글쓰기 적용 사례연구", 『동북아문화연구』 61, 동북아문화학회, 397~414쪽.

성아영·이경(2016), "학문 목적 한국어 교육의 연구 동향 분석 및 연구방안 제언", 『새국어교육』 106, 267~299쪽.

안상원(2020), "글쓰기 교수 학습 과정에 나타난 학습연계글쓰기교수법(WTL)의 효과성 검토: 2019학년도 2학기를 중심으로", 『한국 문예 창작』 19(1), 한국문예창작학회, 101~129쪽.

양명희(2013), "한국어 교육 문법·표현 내용 개발 연구(2단계)", 국립국어원.

양명희(2014), "한국어교육 문법·표현 내용 개발 연구(3단계)", 국립국어원.

양명희(2017), "한국어교육에서의 유사 문법 연구", 『국제한국어교육』 3(2), 국제한국어교육문화재단, 253~278쪽.

우형식(2009), "규칙으로서의 문법과 사용으로서의 문법", 『외국어로서의한국어교육』 34, 227~256쪽.

우형식(2015), "한국어 교육에서 교수 방법 적용의 실태 분석", 『우리말연구』 43, 우리말학회, 139~173쪽.

유선향(2019), "주석 유형에 따른 한국어 연어의 우연적 학습 효과 연구", 『한국어와 문화』 26, 숙명여자대학교 한국어문화연구소, 209~249쪽.

윤지원(2013), "한국어 쓰기 수업에 대한 교사의 어려움과 개선 방안 연구", 『한국언어문화학』 10(1), 국제한국언어문화학회, 99~129쪽.

윤평현(2005), 『현대국어 접속어미 연구』, 박이정.

이다해(2012), "중국어권 학습자의 한국어 형용사 오류 연구", 홍익대학교 석사논문.

이명화(2017), "한국어 학습자의 토픽(TOPIK) 쓰기 오류 양상: 53번 설명문 쓰기 중심으로", 『한국언어문화학』 14(2), 231~254쪽.

이삼형 외(2015), "작문(쓰기) 능력 향상을 위한 문법 내용 개발", 국립국어원.

이성진(2018), "한국어 교육을 위한 연결어미의 위계 연구", 전남대학교 박사논문.

이은희(2011), "설득 텍스트의 본질 및 특성과 교수 학습", 『국어교육』 136, 1~36쪽.

이재승(2003), 『글쓰기 교육의 원리와 방법: 과정 중심 접근』, 교육과학사.

이정연(2016), "플립러닝(Flipped Learning)을 활용한 토론 교육 방안 연구", 『언어와 문화』 12(4), 한국언어문화교육학회, 177~209쪽.

이지용(2017), "한국어 유사 문법 항목의 선정 연구", 고려대학교 박사논문.

이현국(2007), "유학생을 위한 학문 목적 쓰기 교재 개발 방안: 한국어 고급 교재와 교양 국어 교재 분석을 통하여", 한양대학교 석사논문.

이현정·최영롱(2013), "한국어 교육용 연결어미 선정을 위한 기초 연구: 구어·문어 빈도 및 교재 중복도 등의 객관적 지표를 중심으로", 『언어와 문화』 9(3), 245~270쪽.

이훈호(2015), "한국어 오류 분석 연구의 동향 분석 연구: 학위 논문을 중심으로", 『외국어교육연구』 29(2), 107~135쪽.

임은하(2018), "학부 유학생 대상 한국 문화 수업의 플립러닝 사례 연구", 『외국어로서의 한국어교육』 51, 연세대학교 언어교육원 한국어학당, 141~174쪽.

임진숙(2008), "대학 수학 목적의 한국어 교재 연구: 연결어미와 복합형을 중심으로", 영남대학교 석사논문.

임진숙(2018), "모델텍스트를 활용한 협력활동 한국어 쓰기 효과에 대한 실험적 연구", 『동남어문논집』 45집, 동남어문학회, 293~324쪽.

장광군(1999), 『한국어 연결어미의 표현론』, 월인.

전수정(2004), "학문 목적 읽기 교육을 위한 한국어 학습자의 요구 분석 연구", 연세대학교 석사논문.

정주영·이미화(2020), "학습자중심 교수법의 연구 및 운영 동향 분석: 플립러닝(Flipped Learning)을 중심으로", 『수산해양교육연구』 32(1), 한국수산해양교육학회, 194~222쪽.

최연희(2009), 『영어 쓰기 교육론: 원리와 적용』, 한국문학사, 2009.

Coady, J ., & Huckin, T.(1997), "Second language vocabulary acquisition: A rationlale for pedagogy", NewYork: Cambridge University Press.

Huckin, T., & Coady, J.(1999), "Incidental vocabulary acquisition in a second language: A review", *Studies in Second Language Acquisition*, 21(2), pp. 181~193.

Krashen, S. D.(1989), "We acquire vocabulary and spelling by reading: additional evidence for the input hypothesis", *The Modern Language Journal*, 73(4), pp. 440~464.

Larsen-Freeman, Diane & Dummet, Paul(1998), *Teaching Language Grammar to Grammaring*, Cengage Learning; 김서형 외 역(2012), 『언어교수:

문법에서 문법 사용하기로』, 지식과교양.

Nation, I. S. P.(2001), *Learning vocabulary in another language*, Cambridge: Cambridge University Press.

Raimes, A.(1993), *Techniques in teaching writing*, Oxford: Oxford University Press.

Rivers, W. M.(1981), *Teaching Writing*, New York: Oxford University Press.

Rott, S.(2007), "The effect of frequency of input-enhancements on word learing and text comprehension", *Language Learning*, 57, pp. 165~199.

Sharwood Smith, M.(1991), "Speaking to many minds: On the relevance of different types oflanguage information for the L2 learner", *Second Language Research*, 7(2), pp. 118~132.

Tomlinson, B. P.(1983), "An approach to the teaching of continuous writing in ESL classes", *ELT Journal*, 37(1), London: Oxford University press, pp. 7~15.

Van Patten, B.(1996), *Input Processing and Grammar Instruction: Theory and Research*, Ablex Publishing Corporation, New Jersey: Norword.

Van Patten, B.(2004), *Processing Instruction: Theory, Research, and Commentary*, Mahwah, N. J Lawrence Erlbaum Associates, Inc.

지은이 **임진숙**

부산외국어대학교에서 한국어교육학 박사학위를 받았다. 현재 부산외국어대학교 한국어문화학부 교수로 재직중이다. 공저로 『외국인을 위한 한국어 교수법』, 『표준 한국어 1~6』 등이 있다. 쓰기 논문 다수와 「한국어 교육에서 부정 의미 '말다' 반복구성에 대한 연구」, 「한국어 교육에서 이유 표현 '(으)로 인하여', '(으)로 말미암아' 연구: 조사·불완전 용언 활용형 결합의 복합 형태의 관점에서」, 「한국어 교육에서 명사 후치 표현에 대한 연구: 동사적 구성을 중심으로」, 「종결기능 연결어미 '(으)ㄴ/는데'의 연구: 한국어능력시험 듣기 텍스트를 중심으로」, 「한국어 교육에서 복합 형태 '에 대해(서)', '에 대한'의 연구」의 문법 연구와 「블렌디드 러닝(Blended Learning)을 적용한 시사 한국어 수업 사례 연구: 플립러닝과 PBL의 절충교수법을 중심으로」, 「FonF와 PBL의 절충적 문법 수업 사례 연구」 등의 수업 사례 연구 등이 있다.

한국어 쓰기 교육의 이론과 적용

© 임진숙, 2021

1판 1쇄 인쇄_2021년 08월 30일
1판 1쇄 발행_2021년 09월 10일

지은이_임진숙
펴낸이_양정섭

펴낸곳_경진출판
    등록_제2010-000004호
    이메일_mykyungjin@daum.net
    사업장주소_서울특별시 금천구 시흥대로 57길(시흥동) 영광빌딩 203호
    전화_070-7550-7776 **팩스**_02-806-7282
    일러스트_김나현

값 10,000원
ISBN 978-89-5996-825-1 93710